DU PAIN SUR LA TABLE

AUTRES OUVRAGES DE L'AUTEUR

Le mystère Jésus, vingt siècles après, Montréal, Bellarmin, 1994.

L'identité chrétienne en question (collectif), Montréal, Fides, 1994.

Prières d'adieu à nos défunts, Paris/Montréal, Médiaspaul, 1994.

Prière quotidienne en église, Paris/Montréal, Médiaspaul, 1995.

Iéschoua, dit Jésus, Montréal, Médiaspaul, 2001.

Parcours d'Évangile, Montréal, Médiaspaul, 2001.

Le repas aujourd'hui… en mémoire de Lui, Montréal, Fides/Médiaspaul, 2003 (collectif).

Georges Convert

DU PAIN
SUR LA TABLE

*Commentaires des dimanches
de l'année C*

LIVRE 3
Dimanches du temps du Carême

Fides • Médiaspaul / formation chrétienne

En général, la traduction des textes évangéliques des dimanches est de l'auteur. Les citations bibliques, à l'intérieur des commentaires, proviennent de diverses éditions de la Bible.

La photo de la couverture a été réalisée par Sébastien Dennetière avec le concours de Laurent Hardy.

Catalogage avant publication
de la Bibliothèque nationale du Canada

Convert, Georges, 1936-
Du pain sur la table : commentaires
des dimanches de l'année C
Comprend un index.
Sommaire : Livre 1. Temps de l'Avent et de Noël.
Livre 2. Temps ordinaire, du 2ᵉ au 9ᵉ dimanche.
Livre 3. Temps du Carême.

ISBN 2-89499-052-9 (v. 1) — ISBN 2-89499-054-5 (v. 2)
ISBN 2-89499-055-3 (v. 3)

1. Bible. N.T. Luc – Critique, interprétation, etc.
2. Bible. N.T. Apocalypse – Critique, interprétation, etc.
3. Année liturgique – Méditations.
4. Espérance - Aspect religieux – Christianisme.
I. Titre.

BS2589.C66 2003   226.4'06   C2003-941784-0

Dépôt légal : 1ᵉʳ trimestre 2004
Bibliothèque nationale du Québec

© Éditions FPR, 2004

Les Éditions FPR remercient de leur soutien financier
le ministère du Patrimoine canadien,
le Conseil des Arts du Canada et la Société
de développement des entreprises culturelles
du Québec (SODEC).

Les Éditions FPR bénéficient du Programme
de crédit d'impôt pour l'édition de livre
du Gouvernement du Québec, géré par la SODEC.

IMPRIMÉ AU CANADA EN JANVIER 2004

Ce livre est le fruit d'un travail d'équipe:
  Mario Bard et G. Convert, pour les prières
  et les questionnaires;
  André Choquette et G. Convert,
  pour les commentaires;
  Xavier Gravend-Tirole pour la relecture;
  les membres du Relais Mont-Royal
  et de Copam,
  avec qui ces textes ont été partagés;
  les abonnés au feuillet et les auditeurs
  de Radio Ville-Marie
  pour qui ces commentaires ont été faits
  et qui nous ont apporté leurs réflexions.
À toutes et à tous, ma reconnaissante
  gratitude.

Georges CONVERT

La liturgie dominicale de l'Église catholique romaine propose de lire les trois récits synoptiques sur un rythme triennal : année A, Matthieu ; année B, Marc ; année C, Luc. Le récit de Jean est utilisé lors des trois années, plus spécialement lors de l'année B.

année A Matthieu	année B Marc	année C Luc
		2003-2004
2004-2005	2005-2006	2006-2007
2007-2008	2008-2009	2009-2010
2010-2011	2011-2012	2012-2013

L'année liturgique commence le premier dimanche de l'Avent (quatre semaines avant Noël) pour se terminer à la fête du Christ-Roi.

Abréviations des principaux livres bibliques

TESTAMENT DE MOÏSE

Am	Amos
Ct	Cantique des Cantiques
Dn	Daniel
Dt	Deutéronome
Es	Esaïe (même que Isaïe)
Ex	Exode
Ez	Ézéchiel
Gn	Genèse
Is	Isaïe (même que Esaïe)
Jdt	Judith
Jb	Job
Jl	Joël
Jon	Jonas
Jos	Josué
Jr	Jérémie
Jg	Juges
Lm	Lamentations
Lv	Lévitique
1M	1er livre des Maccabées
Ma	Malachie
Mi	Michée
Nb	Nombres
Ne	Néhémie
Os	Osée
Pr	Proverbes

Ps	Psaumes
Qo	Qohélet ou Ecclésiaste
1R	Rois (1er livre)
2R	Rois (2e livre)
1S	Samuel (1er livre)
2S	Samuel (2e livre)
Sg	Sagesse
Si	Siracide ou Ecclésiastique
So	Sophonie
Za	Zacharie

TESTAMENT DE JÉSUS

Ac	Actes des apôtres
Ap	Apocalypse de Jean
1Co	1re épître aux Corinthiens
2Co	2e épître aux Corinthiens
Col	épître aux Colossiens
Ep	épître aux Éphésiens
Ga	épître aux Galates
Jc	épître de Jacques
Jn	évangile selon Jean
1Jn	épître de Jean
Jude	épître de Jude
Lc	évangile selon Luc
Mc	évangile selon Marc
Mt	évangile selon Matthieu
1P	1re épître de Pierre
Ph	épître aux Philippiens
Phm	épître à Philémon
Rm	épître aux Romains
1Th	1re épître aux Thessaloniciens
2Th	2e épître aux Thessaloniciens
1Tm	1re épître à Timothée
Tt	épître à Tite

DIMANCHES
DU TEMPS DU CARÊME

Regard sur le récit
évangélique de Luc

Luc a composé un récit en deux livres qu'il ne faudrait pas séparer parce qu'ils forment un tout et s'éclairent mutuellement : l'Évangile et les Actes des Apôtres. On lira les deux préfaces (Lc 1,1-4 et Ac 1,1-28). L'Évangile est centré sur la mission de Jésus dans le peuple de Dieu : Israël. Les Actes dessinent l'œuvre du Ressuscité qui s'étend — à travers ses disciples — à l'ensemble des peuples dont Rome est le symbole. Théophile est peut-être celui qui personnifie tous les disciples qui n'ont pas été les témoins oculaires de Jésus.

Comme une sorte de préface au récit évangélique (qui va du baptême aux apparitions pascales), les deux premiers chapitres de Luc sont consacrés à l'enfance de Jésus. Ils nous présentent le « mystère Jésus » tel que les premiers chrétiens l'ont compris après Pâques. C'est donc la gloire du Ressuscité qui éclaire déjà la naissance de l'humble enfant et les années de son enfance.

Contrairement au corps des récits évangéliques qui ont été transmis oralement pendant de nombreuses années avant d'être mis par écrit, ces chapitres de l'enfance (en Luc et Matthieu mais aussi le prologue de Jean) sont des textes rédigés par les auteurs. On pourrait les lire comme des récits du genre littéraire des légendes, mais ils sont des textes théologiques qui disent pourquoi on en est venu à comprendre Jésus comme étant Christ et Seigneur (le nom donné à Dieu).

On pourrait les comparer à certains génériques de films qui nous présentent, au début du film, des images qui donnent la clé permettant de comprendre l'histoire qui va être racontée.

1er dimanche du Carême
Luc 4, 1-13

ÉVANGILE DE JÉSUS
selon l'écrit de Luc

Rempli du Saint Souffle Spirituel, Jésus quitte les bords du Jourdain; le Souffle Spirituel le conduit au désert, et là, pendant 40 jours, il est mis à l'épreuve par le diable. Il ne mange rien durant ces jours-là; quand le temps est achevé, il a faim.

Le diable lui dit: «Si tu es fils de Dieu, dis à cette pierre de devenir pain.» Jésus répond: «Il est écrit: "L'être humain ne vivra pas seulement de pain".» [Le diable] l'emmène alors sur une hauteur, pour lui faire voir tous les royaumes de l'univers en un instant.

Le diable lui dit: «À toi je donnerai tout ce pouvoir, avec la gloire [de ces royaumes], car cela m'a été donné et je le donne à qui je veux. Pour toi donc, si tu te prosternes devant moi, tout sera à toi.» Jésus lui répond: «Il est écrit: "Tu te prosterneras devant le

Seigneur ton Dieu et c'est à Lui seulement que tu rendras un culte". »

Puis le diable le conduit à Jérusalem ; l'ayant placé au sommet du temple, il lui dit : « Si tu es fils de Dieu, jette-toi d'ici en bas ; car il est écrit : "Pour toi, à ses messagers, Il donnera l'ordre de te garder" et aussi : "Ils te porteront dans leurs mains pour que ton pied ne heurte pas une pierre". » Jésus lui répond : « Tu ne mettras pas à l'épreuve le Seigneur ton Dieu. »

Ayant épuisé toute épreuve, le diable s'éloigne de lui jusqu'au temps fixé.

Dans les récits évangéliques synoptiques (Matthieu, Marc et Luc), ce récit des tentations se situe entre le baptême de Jésus et les débuts du ministère.

Le récit de Marc (1,12-13) ne fait que signaler cette retraite de Jésus au désert, sans en détailler les tentations. Cette mention toute simple confirme sans doute que le passage au désert est un fait réel de la vie de Jésus. Par contre, Matthieu et Luc rapporteraient la catéchèse que les premières communautés chrétiennes ont élaborée autour de ce fait, l'illustrant par les tentations qui furent celles de Jésus tout au long de son ministère.

Notre récit serait donc comme un résumé de la vie de Jésus, donnant les choix auxquels il a été pour ainsi dire acculé pour vivre en communion avec la pensée de Dieu.

Le récit de chacune des tentations se moule dans un même schéma : le cadre de la tentation ; la provocation du Malin ; la réponse de Jésus qui est faite de citations de la Bible.

Rempli du Saint Souffle Spirituel,
Jésus quitte les bords du Jourdain ;
le Souffle Spirituel le conduit au désert,
et là, pendant 40 jours,
il est mis à l'épreuve par le diable

Le chiffre 40 est un chiffre conventionnel dans la Bible, désignant plus particulièrement le temps nécessaire à la maturité, soit d'une personne, soit d'un événement. L'enfant demeure 40 semaines dans le ventre de sa mère. Quarante ans est le temps de formation du peuple de Dieu dans le désert sous la conduite de Moïse ; 40 jours, celui de la marche d'Élie vers le mont Horeb, et celui des apparitions du Christ ressuscité entre Pâque et Ascension. Nous avons aussi l'expression : être mis en quarantaine pour dire qu'on est mis à l'écart pour être mis à l'épreuve.

Pourquoi avoir choisi le désert pour cadre général des tentations ? Le désert est un lieu très symbolique dans la Bible :

> Tu te souviendras de toute la route que le
> Seigneur ton Dieu t'a fait parcourir pendant
> 40 ans dans le désert, afin de te mettre dans
> la pauvreté. Ainsi Il t'éprouvait pour connaître
> ce qu'il y avait dans ton cœur et savoir si,
> oui ou non, tu allais observer ses commande-
> ments. (Dt 8,2)

Le désert apparaît donc comme un temps
de mise à l'épreuve. Il est le lieu de l'expérience de la pauvreté : pauvreté de la nourriture qui fait éprouver la faim, pauvreté de
présences humaines qui fait connaître la
solitude, pauvreté de nous-mêmes avec nos
faiblesses et notre péché...

Cette solitude amène à faire la rencontre
du Malin ou du Divin. Le Malin nous souf-
flera de donner une importance *absolue* aux
nourritures terrestres comme aux amours
humaines. On sera ainsi conduit à idolâtrer
le matériel ou l'humain. Mais cette épreuve
pourra aussi nous inspirer de rechercher les
vrais absolus, ceux qui ne sont pas éphé-
mères et qui nourrissent d'immortalité, ces
vrais absolus qui sont de vivre sa vie au plan
spirituel, passer des amours-passions aux
amours généreux, etc. Le désert, c'est un peu
le Tout ou Rien, c'est le lieu des choix qui
font vivre ou mourir. Le désert manifeste avec
force l'écart qu'il y a entre nos manières
humaines et les mœurs de Dieu. Entre nos
espoirs futiles et vains... et l'espérance

véritable. Entre nos désirs possessifs… et la
simplicité de vie qui conduit à l'amour vrai.
Au désert, Jésus va refaire le chemin que son
peuple a fait pendant son exode d'Égypte.
C'est, d'une certaine manière, une reprise
de l'histoire d'Israël, comme prototype de
peuple de Dieu. Là où il y a eu un certain
échec, Jésus connaîtra la victoire et cette
victoire sera aussi possible pour ses disciples dans la mesure où ils s'uniront à lui.

Si tu es fils de Dieu…

Lors de son baptême, la voix divine avait dit
à Jésus :

> Tu es mon serviteur [mon fils] bien-aimé.
> (Lc 3,22)

Elle affirmait ainsi un lien unique entre
le Père et Jésus. Déjà dans l'histoire d'Israël,
le titre de *fils de Dieu* était attribué au peuple
tout entier et — d'une manière spéciale —
à son messie. Dans la Bible, éduquer, c'est
d'une certaine manière engendrer quelqu'un
à la vie morale, spirituelle. Dieu est notre
Père parce qu'Il nous engendre à sa vie spirituelle en nous communiquant sa *Tora*, sa
Règle de vie. Le peuple de Dieu devient donc
fils de Dieu, dans la mesure où il se laisse
éduquer par Lui en vivant selon sa Règle de
vie, en agissant à la lumière de la pensée de
Dieu. Et le messie est le fils privilégié de

Dieu-Père parce qu'il est le responsable de la *Tora*, celui qui doit la faire connaître et respecter par le peuple de Dieu dont il est le chef.

C'est cette filiation divine, cet engendrement à la vie d'éternité, qui est en jeu dans cette mise à l'épreuve que sont les tentations : qu'est-ce que c'est qu'être fils de Dieu (être divinisé) et comment le devient-on ? Et on verra qu'en posant la question de ce qu'est être fils de Dieu, on pose la question fondamentale de savoir qui est Dieu.

Les lieux de la tentation ont peut-être été dictés par les trois principaux courants qui, à l'époque de Jésus, annonçaient le messie : un courant prophétique disait que le messie se tiendrait dans le *désert* ; le courant sacerdotal parlait de la manifestation du messie dans le *temple* ; enfin un courant plus politique le décrivait comme le libérateur rassemblant le peuple sur la *montagne*.

... dis à cette pierre de devenir pain

Pour comprendre cette tentation, il faut sans doute se référer au récit de Jean qui raconte le repas des pains multipliés et la discussion qui s'ensuit entre Jésus et les gens. On voit qu'après le repas, les gens enthousiastes veulent *enlever Jésus pour le faire roi-messie* (Jn 6,14). Jésus a dû vivre cela comme une tentation. En effet, il oblige précipitamment les disciples à quitter les lieux (*cf.* Mc 6,45) et lui-même se retire dans la montagne tout seul pour prier. Maurice Zundel commente ainsi cet épisode :

> La réaction de la foule apparaît à Jésus comme une catastrophe ! Parce que ce geste a été interprété comme le signe de l'avènement messianique, entendu dans le sens le plus matériel, le plus national, le plus limité. Le résultat de cette intervention miséricordieuse se retourne directement contre la mission de Jésus. Il est venu fonder un autre Royaume, un Royaume intérieur, spirituel, universel. (*Ta parole comme une source*, Sigier-Desclée, 1987, p. 266)

Le lendemain, à Capharnaüm, Jésus s'explique. Il reproche aux gens de ne pas saisir le sens profond de son geste du repas. Déjà la Bible expliquait le sens spirituel de la manne reçue dans le désert :

> Il t'a donné à manger la manne pour te faire reconnaître que l'humain ne vit pas seulement de pain mais qu'il vit de tout ce qui sort de la bouche de Dieu. (Dt 8,3)

Jésus veut donc faire comprendre à ses auditeurs de Capharnaüm que le pain — qu'il a partagé — est le signe symbolique que son enseignement est un pain de vie. Sa parole est le vrai pain qui donne une vie d'éternité. Et cela parce que sa parole est

Parole qui vient de Dieu. La réponse faite au Malin va dans ce sens : l'humain doit vivre de la Parole de Dieu s'il veut vivre au plan où Dieu, son créateur et son Père, l'appelle à vivre.

Oublier cela — et vivre seulement au plan des nourritures terrestres —, c'est se couper de Dieu : renoncer à être fils du Père divin. C'est renoncer à devenir l'être humain que Dieu espère que nous devenions et qui ne peut se réaliser que par notre libre *Oui* à cette destinée que Dieu veut pour nous éternelle. Reprenons encore une fois Maurice Zundel :

> Ce qui est passionnant dans un être humain, c'est qu'il peut et qu'il est appelé à révéler Dieu. Il y a en nous une beauté secrète, une beauté merveilleuse, une beauté inépuisable. En nous, il y a une infinie, une éternelle, une inépuisable nouveauté : ce chant de Dieu que nous avons à devenir, cette lumière de Dieu que nous avons à communiquer, qui doit devenir l'expression, le rayonnement et le sourire de notre visage, qui doit devenir le rythme et l'harmonie et la mélodie et la danse de notre corps tout entier. Le Christ est venu révéler à l'homme qui il était. Il est venu accomplir l'homme dans toute sa grandeur, dans toute sa dignité, dans toute sa beauté. Nous portons en nous ce trésor de la vie éternelle, nous portons en nous cette Présence Infinie qui est le Dieu vivant. En Jésus il n'y

a que le «oui». En lui, oublions tous nos «non» : toute notre négativité, toute notre lourdeur, toute notre usure, toutes nos limites, toutes les limites des autres... portant sur notre visage la joie de l'Amour de Dieu et le sourire de son éternelle bonté. (*Ibidem*, p. 228-229)

Jésus proclamera qu'*Ils sont sur le droit chemin du bonheur ceux qui ont faim et soif* (Mt 5,6). Mais Matthieu précisera qu'il s'agit de la faim de la justice, au sens biblique qui est la droiture du cœur, la fidélité à l'enseignement de Dieu. Voilà ce qui fait vivre un fils de Dieu comme Jésus le dira de maintes façons :

Ne vous inquiétez pas pour votre vie de ce que vous mangerez, ni pour votre corps de quoi vous le vêtirez. Car la vie est plus que la nourriture, et le corps plus que le vêtement. ... Ce sont là toutes choses dont les païens de ce monde sont en quête ; mais votre Père sait que vous en avez besoin. Par contre, cherchez son Règne, et ces choses vous viendront après. (Lc 12,22-31 *passim*)

Chercher le Règne de Dieu, c'est chercher à vivre selon la Règle de vie donnée par Dieu : aimer son prochain comme soi-même avec l'amour puisé en Dieu. C'est aussi le sens de la prière de Jésus :

Père, donne-nous aujourd'hui le pain du Jour qui vient. (Mt 6,11)

L'expression «le Jour qui vient» désigne la vie d'éternité, notre communion à la vie divine.

Si tu te prosternes devant moi, tout sera à toi

L'Écrit évangélique de Jean donne au Malin le titre de *Prince de ce monde*. C'est dire combien le monde est soumis aux forces du mal. «C'est à moi que cela appartient», dit le Malin à Jésus. Parce qu'il dépend du libre consentement de chaque être humain, le règne de Dieu est toujours à venir, toujours à faire, toujours à recommencer.

Le récit de Jean présente la passion de Jésus comme une lutte contre le Prince de ce monde :

> Le Prince de ce monde vient. Certes, il n'a sur moi nulle prise ; mais il vient afin que le monde sache que j'aime le Père et que j'agis selon ce qu'Il m'a prescrit. (Jn 14,30-31)

> C'est maintenant le jugement de ce monde, maintenant le Prince de ce monde va être jeté dehors. Pour moi, quand j'aurai été élevé de terre, j'attirerai à moi tous les humains. (Jn 12,31-32)

C'est ce don de soi par amour — et jusqu'à la mort — qui rend Jésus vainqueur du Malin. Parce que ce don de soi est la réponse d'amour de Jésus à ces violents qui veulent l'écraser. Adorer le Prince de ce monde, c'est servir les forces de la violence et se servir d'elles pour dominer sur les autres :

> Les rois des nations dominent sur elles. [...] Pour vous, que celui qui commande prenne la place de celui qui sert. (Lc 22,25-26)

Adorer Dieu, c'est servir un Père qui n'est qu'Amour et qui ne peut donc vaincre quiconque par la puissance et la force violente. Même envers ceux qui l'accueillent comme Père, Dieu ne peut régner sur eux, devenir leur Père, sans leur libre « oui ». Même envers ceux qui le rejettent, Dieu est désarmé. Il ne peut que respecter la liberté des humains qu'Il a créés. Le Dieu-Père n'est pas le taureau d'or, symbole de force, que les Hébreux ont été tentés d'adorer dans le désert (*cf.* Ex 32,8). Il n'est pas le Dieu des armées qui triomphe du mal en exterminant les pécheurs. Il est le Dieu-Père de ce Jésus qui s'est laissé crucifier pour vivre l'amour et le pardon jusqu'au bout. Simon-Pierre lui-même aura de la difficulté à percevoir la croix comme cette preuve divine de l'amour :

> « Dieu t'en préserve, seigneur ! Cela ne t'arrivera pas ! » Mais Jésus, se retournant, dit à Pierre : « Retire-toi, satan ! Tes pensées ne sont pas celles de Dieu mais celles des humains. » (Mt 16,22-23)

Cette tentation de la violence n'est pas seulement celle des grands de ce monde. Elle nous est quotidienne dans nos relations ordinaires : entre époux, entre parents et enfants, entre amis, entre compagnons et compagnes de travail. Il nous est plus naturel d'imposer nos goûts et nos désirs que d'être à l'écoute de ceux des autres. Il nous est plus facile de dicter nos choix aux autres que de composer avec eux. Il est plus attirant d'admirer la force du puissant que celle du doux et humble de cœur. Aujourd'hui encore, comme pour Pierre, la croix peut nous faire douter de la puissance de Dieu.

Si tu es fils de Dieu, jette-toi d'ici en bas

Le Malin fait entrer subtilement dans le cœur le doute en l'amour de Dieu : Dieu aime-t-Il les êtres humains au point de les protéger de tout malheur ? S'occupe-t-Il vraiment d'eux au point de les secourir s'ils sont en danger ?

Pour toi, à ses messagers, Il donnera l'ordre de te garder.

et aussi :

Ils te porteront dans leurs mains pour que ton pied ne heurte pas une pierre. (vv. 10-11)

Cette question fut celle du peuple dans le désert lorsqu'il était mort de soif:

> Dieu est-il au milieu de nous, oui ou non?
> (Ex 17,7)

La tentation est ici de défier Dieu en exigeant de lui, comme un droit, ou un dû, qu'Il nous manifeste sa bonté et nous protège de tous les maux.

On sait qu'exiger l'amour, c'est le tuer puisque l'amour ne peut être que don libre et gratuit: grâce. Il en est ainsi entre humains: de l'homme et de la femme, des enfants et des parents, des amis. Il en est ainsi dans notre relation avec Dieu. François de Sales disait qu'il ne faut rien demander à Dieu ni rien lui refuser. Certes, cela ne veut pas dire qu'on ne peut dire à Dieu nos besoins. Il faut sans doute ici comprendre demander au sens d'exiger. Il ne faut pas mettre à l'épreuve Dieu en exigeant de lui telle ou telle chose comme preuve de son amour. « Si tu m'aimes, donne-moi telle grâce... fais-moi réussir tel examen... »

Cette tentation parviendra à Jésus par les demandes répétées de ses adversaires:

> Pour lui tendre un piège, les Pharisiens et les Sadducéens lui demandèrent de leur montrer un signe venant du ciel. (Mt 16,1)

Jésus répondra en accusant cette génération d'être une génération adultère, c'est-à-
dire infidèle dans son amour de Dieu.

> En fait de signe, il ne lui en sera pas donné
> d'autre que le signe de Jonas. (Mt 12,39)

Qu'est-ce que ce signe de Jonas? Le signe
de Jonas est le signe de la miséricorde inlas-
sable de Dieu, miséricorde qui s'exerce envers tous. On sait que Jonas était déçu de
voir Dieu faire grâce aux gens de Ninive qui
avaient décidé de changer de vie pour répondre à la prédication de Jonas. Jonas aurait
voulu que Dieu châtie cette ville qu'on disait
ville de tous les vices. Il se plaint auprès de
Dieu:

> Je savais que Tu es un Dieu de bonté et de
> tendresse, lent à la colère, riche en grâce.
> (Jon 4,2)

Dieu fait grâce... gratuitement... et il suf-
fit d'accueillir son amour. Il fait grâce aux
justes comme aux pécheurs, aux Juifs comme
aux païens. C'est le seul signe que Jésus
voudra donner de Dieu: celui d'un Père inépuisable en amour, qui ne se retient jamais
de pardonner. Les miracles de Jésus ne seront
pas pour lui des signes merveilleux qu'il
ferait pour donner des *preuves* de la puissance de Dieu et pour contraindre à croire
en Lui.

Jésus n'utilisera jamais la peur de Dieu pour forcer les gens à écouter son message. En effet, ce n'est jamais par la crainte qu'on peut amener quelqu'un à aimer. Les miracles seront toujours des signes gratuits de la compassion de Dieu et seuls les cœurs accordés à cette bonté inconditionnelle de Dieu se laisseront aimer et guérir par Lui. Le miracle ne peut que conduire à l'amour, jamais à la crainte de Dieu.

Enfin, la tentation poursuivra Jésus jusque sur la croix par la voix des spectateurs :

Il a mis sa confiance en Dieu. Que Dieu le délivre maintenant s'Il l'aime, car il a dit : « Je suis fils de Dieu. » (Mt 27,43)

L'on sait que la réponse de Jésus sera de se remettre totalement entre les mains du Père :

Père, en tes mains, je remets mon esprit, mon souffle de vie. (Lc 23,46)

C'est l'ultime geste d'abandon, ultime acte d'amour du Fils de Dieu envers son Père. Jésus savait que s'il demandait au Père de lui épargner de vivre ce geste d'amour qu'est la Croix, ce serait comme s'il Lui demandait de se renier Lui-même. C'est ainsi qu'il va répondre au Malin qu'il ne mettra pas Dieu à l'épreuve.

Dans la prière d'abandon, Charles de Foucauld a bien traduit cette foi absolue en l'amour du Père:

Père, je m'abandonne à toi.
Fais de moi ce qu'Il te plaira.
Quoique Tu fasses de moi, je te remercie.
Je suis prêt à tout, j'accepte tout.
Pourvu que ta volonté se fasse en moi,
en toutes tes créatures,
je ne désire rien d'autre, mon Dieu.
Je remets mon âme entre tes mains.
Je te la donne, mon Dieu,
avec tout l'amour de mon cœur,
parce que je T'aime,
et que ce m'est un besoin d'amour
    de me donner,
de me remettre entre tes mains sans mesure,
avec une infinie confiance,
    car Tu es mon Père.

Comme son maître, le disciple de Jésus sera aussi mis à l'épreuve.

Si nous avons choisi l'argent comme maître de notre vie, si nous sommes indifférents à la misère et à l'injustice qui accablent les autres, au point de ne plus pouvoir partager, *alors l'amour qui vient de Dieu n'est plus ce qui nous fait vivre et nous ne pouvons pas bâtir le monde de Dieu.*

Si nous abusons du pouvoir que nous avons sur nos enfants, si nous cherchons à dominer notre conjoint, nos amis, si nous jouons au «boss» dès qu'une petite responsabilité nous est confiée, si nous sommes solidaires des forts qui ne cherchent qu'à exploiter les plus faibles, *alors Dieu n'est pas notre seul Maître et nous ne pouvons pas bâtir le monde de Dieu.*

Si nous doutons toujours de l'amour des autres, si nous avons besoin sans cesse de preuves pour faire confiance, si nous doutons de la présence de Dieu lorsque nous sommes dans l'épreuve, *alors nous mettons en doute l'amour et nous doutons de Dieu, et nous ne pouvons pas bâtir le monde de Dieu.* (Georges Convert, *Jésus et son message*, Saint-Paul/ CMD, 1988, p. 38-39)

*

* *

Père de Jésus et mon Père,
la tentation de ne plus croire
en ton seul amour m'enserre
et je ne connais pas le repos.
La part manquante de moi
est la part aimante de toi.
Aime-moi !
Quand viennent les nuits de la tentation,
éveille-moi aux matins de ta plénitude.
Éblouis mon cœur de pierre :
transforme-le en cœur de chair.
Ton amour m'apprendra alors
à donner et à me donner :
espace et chemin de liberté
sur la terre des vivants. Amen !

QUESTIONS DE COMPRÉHENSION
ET D'APPROPRIATION

1. Pourquoi ces tentations se situent-elles dans le désert ? Que représente le désert dans la Bible ?

2. La vraie réalité de ces images n'est-elle pas leur sens symbolique ? Quel est donc le sens profond de chacune de ces tentations ?

3. Comment ces tentations se retrouvent-elles dans l'histoire du peuple d'Israël ?

4. Comment se retrouvent-elles dans toute la vie de Jésus ?

5. Ces tentations rejoignent-elles notre vécu quotidien ?

6. Comment retrouver ces tentations dans la vie de l'Église d'aujourd'hui ?

2ᵉ dimanche du Carême
Luc 9,28-36

ÉVANGILE DE JÉSUS
selon l'écrit de Luc

C'est environ huit jours après ces paroles, que [Jésus] prend avec lui Pierre, Jean et Jacques et monte sur la montagne pour prier.

Pendant qu'il prie, l'aspect de son visage devient autre et son vêtement devient d'un blanc brillant comme l'éclair. Voici que deux hommes parlent avec lui : ce sont Moïse et Élie. Apparus dans la gloire, ils parlent de son départ qui doit s'accomplir à Jérusalem. Pierre, et ceux qui sont avec lui, sont accablés de sommeil ; se réveillant, ils voient sa gloire et les deux hommes qui se tiennent avec lui. Alors, comme ils se séparent de lui, Pierre dit à Jésus :

« Maître, il nous est bon d'être ici : faisons trois tentes : une pour toi, une pour Moïse et une pour Élie. »

Il ne sait pas ce qu'il dit. Comme il parle, une nuée survient qui les couvre de son ombre. Ils frémissent en pénétrant dans la nuée. Une voix vient de la nuée qui dit :

« Celui-ci est mon fils, l'élu. Écoutez-le. »

Quand la voix s'est fait entendre, Jésus se retrouve seul. Eux vont se taire. En ces jours-là, ils ne rapportent à personne rien de ce qu'ils ont vu.

On pourrait penser que ce moment de transfiguration se situe à un moment heureux, un moment de la vie de Jésus où les miracles attirent les foules enthousiastes qui s'émerveillent de sa prédication. Ce n'est pourtant pas la place que les récits évangéliques donnent à la transfiguration. Elle se situe au contraire après l'échec du grand Repas des pains multipliés et l'abandon d'un certain nombre des disciples. Il est comme le point de départ vers la croix.

Le repas des pains multipliés a certes rassemblé une foule nombreuse, si enthousiaste qu'elle veut enlever Jésus pour le faire roi. Mais la déception a suivi l'enthousiasme car Jésus se refuse à jouer le jeu. Il invite plutôt ses auditeurs à chercher la nourriture spirituelle, à se nourrir de ce pain de vie éternelle qu'est sa parole. À cette invitation, beaucoup de ses disciples le lâchent (*cf.* Jn 6,66), et c'est à ce moment que Judas pense à le trahir (*cf.* Jn 6,71). Jésus pose alors la question de confiance aux Douze : « Et vous, ne voulez-vous pas partir ? » Ce à quoi Pierre va répondre : « À qui irions-nous ? Tu as des paroles de vie éternelle. » (Jn 6,67-68) Ce moment important est ce qu'on appelle la confession de foi de Pierre.

Le récit évangélique va relier cette confession de Pierre à la passion de Jésus :

> À partir de ce moment, Jésus messie commence à montrer à ses disciples qu'il lui faut s'en aller à Jérusalem, souffrir beaucoup de la part des Anciens, des grands-prêtres et des scribes, être mis à mort... Pierre le tirant à part se met à le réprimander. « Dieu t'en préserve, seigneur ! Non, cela ne t'arrivera pas ! » Mais lui, se retournant, dit à Pierre : « Retire-toi ! Derrière moi, satan ! Tu es pour moi une occasion de chute ! Tes vues ne sont pas celles de Dieu mais celles des humains. » (Mt 16,21-23)

C'est donc à un moment crucial que se situe le moment de la transfiguration. Les foules sont déçues du message de Jésus. Les Pharisiens le traquent et les autorités de Jérusalem s'apprêtent à l'arrêter. Les disciples ne comprennent pas le choix que Jésus se prépare à faire. Jésus doit en effet faire un choix : ou monter vers Jérusalem, le haut-lieu de la foi juive ou se refugier dans les territoires limitrophes qui, eux, sont soustraits à l'autorité des grands-prêtres. Doit-il risquer de se faire arrêter, condamner et exécuter? Doit-il choisir de perdre sa vie et de mettre un terme à sa mission par un cuisant échec? ou bien de la sauver en espérant reprendre ailleurs ou plus tard l'annonce de son Évangile? Jésus a déjà dit:

> Celui qui veut sauver sa vie la perd et celui qui perd sa vie la sauve. (Lc 9,24)

Quelle est la volonté du Père? Quel sens peut avoir de mourir en livrant sa vie? La réaction de Pierre n'est-elle pas venue chercher Jésus au cœur de lui-même, comme une tentation qui l'assaille au plus intime de son être? C'est ce que semble nous dire la violente réplique de Jésus à Pierre qu'il accuse de jouer le jeu de Satan. Au moment de faire un choix décisif, Jésus a donc besoin de silence pour partager sa réflexion avec Dieu son Père.

***C'est environ huit jours
après ces paroles, que [Jésus] prend
avec lui Pierre, Jean et Jacques
et monte sur la montagne pour prier***

Une semaine après cet événement, Jésus décide de partir dans un endroit solitaire pour réfléchir. Et il va faire vivre à trois de ses disciples ce temps fort de prière qui devrait leur faire comprendre les vues de Dieu sur sa passion prochaine. Les trois disciples choisis seront les mêmes qui vivront de très près l'agonie de Jésus. En effet ce sont Pierre, Jean et Jacques que Jésus prendra avec lui dans ces deux moments uniques dont le premier, la transfiguration, va préparer et donner sens au second.

C'est sur la montagne, de nuit probablement, que se déroule ce grand moment de prière. Le lieu et le moment sont habituels à Jésus. La montagne, lieu où l'on monte vers le ciel, où l'on trouve le silence loin des bruits et des agitations de la plaine, est le lieu privilégié de la rencontre avec Dieu.

Luc est l'évangéliste qui signale le plus fréquemment la prière de Jésus. Il nous montre Jésus en prière chaque fois qu'une décision est à prendre : les débuts de sa mission, le choix des Douze, l'approche de l'arrestation... En cette nuit, sa prière sera toute imprégnée des Écritures sacrées.

Voici que deux hommes parlent avec lui : ce sont Moïse et Élie

Que signifie la présence de Moïse et d'Élie ? On nous dit que Jésus s'entretient avec eux de son « exode », c'est-à-dire de sa sortie de ce monde, de sa mort. Ces deux personnages de l'histoire d'Israël sont ici pour représenter toute l'Écriture. Sur la route d'Emmaüs, plus tard, le Ressuscité parcourra les Écritures saintes pour donner aux deux disciples la raison de la passion de Jésus :

« Esprits sans intelligence, cœurs lents à croire tout ce qu'ont déclaré les prophètes ! Ne fallait-il pas que le Christ souffrît cela pour entrer dans la gloire ? » Et, commençant par Moïse et tous les prophètes, il leur expliqua dans toutes les Écritures ce qui le concernait. (Lc 24,25-27)

Nous faut-il trouver dans la vie de Moïse et d'Élie un message précis ? Une tradition juive voyait en Moïse et en Élie deux prophètes qui devaient revenir quand Dieu choisirait un messie. La Bible dit que Dieu avait promis d'envoyer un prophète semblable à Moïse :

C'est un prophète comme moi que le Seigneur ton Dieu te suscitera du milieu de toi : c'est lui que vous écouterez. (Dt 18,15)

La tradition voulait qu'Élie devait revenir sur terre pour précéder la venue du messie. Un texte rabbinique précisait :

Johannan ben Zacchai a dit : « Dieu dit à Moïse : quand j'enverrai le prophète Élie, vous devrez tous deux venir ensemble. »

On disait aussi que ni l'un ni l'autre n'avaient connu la mort mais que c'est vivants qu'ils avaient été réunis à Dieu.

Mais cela ne dit encore que peu de chose pour justifier leur présence. S'ils éclairent le choix de Jésus, c'est qu'ils doivent avoir un lien avec le chemin que Jésus choisit. Or quel est le choix de Jésus? Il doit affronter les chefs de son peuple pour convertir leur idée de Dieu. Les Anciens, les prêtres et les scribes sont unis pour mettre Dieu de leurs côtés : du côté des justes, de ceux qui pratiquent avec fidélité la *Tora*, l'Enseignement divin. Comme en témoigne la prière de ces « justes » qui pensent vraiment *mériter* l'amour de Dieu par leur bonne conduite :

> Mon Dieu, je Te rends grâces de ce que je ne suis pas comme le reste des humains qui sont rapaces, injustes, adultères, ou bien encore comme ce percepteur d'impôts ; je jeûne deux fois la semaine, je donne la dîme de tout ce que j'acquiers. (Lc 18,11-12)

Jésus, lui, parle de Dieu d'une autre manière. Il a une autre image de celui qu'il appelle dans sa langue : *Abba*! (Papa) Pour Jésus, Dieu ne s'intéresse pas seulement aux justes. « Il est bon pour les ingrats et les méchants », nous dit-il (Lc 6,35). Son amour le porte vers les pécheurs et les marginaux de la société : les pauvres, les malades, les illettrés, les émigrés... Le Dieu de Jésus ne se laisse pas annexer par le groupe des bien-pensants. Sa manière d'être le Dieu de tous en fait d'abord le Dieu des exclus et de ceux pour qui la bonne société religieuse n'a que mépris. Un des rares exemples de la prière de Jésus dans les Évangiles explique bien cela :

> Je te bénis, Père, Seigneur du ciel et de la terre, d'avoir caché « cela » aux sages et aux instruits et de l'avoir révélé aux tout-petits. (Mt 11,25)

Que veut dire ce « cela » dont parle Jésus ? C'est le mystère du projet de Dieu sur le monde. Dieu se fait connaître non à ceux qui pensent le trouver par leurs propres mérites mais à ceux qui vont accueillir son amour comme un pur don, un don gratuit. Voilà le Dieu de Jésus : Dieu de miséricorde et non Dieu de justice. C'est le Dieu qui est pleinement libre dans sa bonté. Et la gratuité de son amour se manifeste particulièrement lorsqu'il donne à ceux qui n'ont aucun mérite à faire valoir. C'est le Dieu qui a un faible pour les laissés-pour-compte, les exclus. Et c'est précisément pour sa doctrine sur Dieu que Jésus est rejeté et qu'il sera condamné. C'est probablement cette vision de Dieu que Moïse et Élie viennent approuver pour conforter Jésus... et les disciples.

Apparus dans la gloire, ils parlent de son départ qui doit s'accomplir à Jérusalem

Comment Moïse et Élie approuvent-ils cette vision de Dieu ? Il y a un élément qui est commun à Moïse, à Élie et à Jésus en cet instant : c'est qu'ils ont fait tous trois, sur la montagne, une rencontre spirituelle avec Dieu qui a été particulière et forte. Rappelons-nous ce passage de la vie de Moïse où il avait imploré Dieu : « Si je jouis de ta faveur, daigne me révéler tes voies pour que je Te comprenne. » (Ex 33,13) Et Dieu demande à Moïse de monter sur la montagne, et c'est là qu'Il va lui révéler qui Il est. Dieu passe devant Moïse et sa voix se fait entendre :

> Je suis Dieu de tendresse et de miséricorde, lent à la colère, riche en grâce et en fidélité. (Ex 34,6-7)

Voilà, pour Moïse, quel est le visage de Dieu : tendresse et miséricorde.

L'expérience d'Élie sera quelque peu semblable. La Bible nous décrit qu'Élie est découragé. Il a été animé d'un zèle fougueux pour Dieu. Mais son zèle, qui l'a conduit jusqu'à faire mourir les faux prophètes, ne semble pas mener à la vraie victoire de Dieu.

> Je suis resté seul et ils veulent me tuer. (1R 19,10)

[Dieu], prends ma vie, car je ne suis pas meilleur que mes pères. (1R 19,4)

Dieu va conduire aussi Élie sur la montagne. Et là, Il va se manifester à lui, non pas dans le vent et le tonnerre, qui sont les symboles du Dieu qui manifeste sa puissance contre les forces du mal, mais Il va se montrer à Élie dans le bruit d'une brise légère. Et Élie redit sa déception :

Seigneur ! Ils ont tué tes prophètes, rasé tes autels et moi je suis resté seul et ils en veulent à ma vie. (1R 19,14)

Élie s'étonne : comment Dieu peut-il permettre que son peuple lui soit si infidèle ? Pourquoi ne réagit-il pas en le punissant comme lui, Élie, a puni les faux prophètes adorateurs des faux dieux ? Et que répond la voix divine ?

Je me suis réservé 7000 fidèles en Israël. (1R 19,18)

Que signifie cette réponse ? À l'époque de Jésus, l'interprétation juive comprenait cette réponse comme étant le signe de la miséricorde divine. Sept mille est un chiffre parfait pour désigner la multitude de ceux à qui Dieu pardonne. Comme l'apôtre Paul le comprend :

Que lui répond Dieu ? « Je me suis réservé 7000 hommes, ceux qui n'ont pas fléchi le

genou devant Baal. » Ainsi pareillement aujourd'hui il subsiste un reste, élu par grâce.
Mais si c'est par grâce, ce n'est pas à cause des
mérites de leurs actes ; autrement la grâce n'est
plus grâce. (Rm 11,4-5)

Ainsi, pour Élie aussi, Dieu se révèle
comme le Dieu miséricordieux.

Les expériences de Dieu que Moïse et Élie
ont faites apportent à Jésus la certitude que
Dieu est Dieu de grâce et de miséricorde
avant d'être Dieu de justice :

Et c'est pour cela que publicains et prostituées précéderont les justes dans le règne de
Dieu. (Mt 21,31)

En effet, ceux qui n'ont aucun mérite à
faire valoir sont davantage prêts à accueillir
l'amour de Dieu car l'amour ne s'accueille
que comme un don et non comme un dû.

Dieu est Dieu d'amour et c'est l'amour
qui sauve et non pas les sacrifices. Dieu est
amour et ce n'est que l'amour qui peut
vaincre le mal. La justice qui punit le mé-
chant est impuissante à transformer les
cœurs. C'est pourquoi la mission de Jésus
sera de traduire cet amour de Dieu pour
ceux-là mêmes qui le rejettent et vont le
condamner à mort. Traduire l'amour ne
pourra se faire qu'en livrant sa vie à ses adversaires. On ne peut convaincre de la bonté
qu'en vivant cette bonté jusqu'au bout,

jusqu'au pardon. Ce sera cette certitude qui conduira Jésus à la croix. Et lorsque la voix divine dira : « Celui-ci est mon fils, mon élu, écoutez-le ! », elle confirmera que ce message de la miséricorde est conforme à la pensée du Père. Jésus est l'Élu du Père. Ce mot d'Élu évoque le texte d'Isaïe sur le « serviteur de Dieu » :

> Voici mon serviteur, mon élu. J'ai mis sur lui mon esprit. Il ne crie pas, il n'élève pas le ton, il ne fait pas entendre sa voix dans les rues. Il ne rompt pas le roseau broyé. Moi, Dieu, je t'ai désigné comme alliance du peuple et lumière des nations, pour ouvrir les yeux des aveugles et faire sortir les captifs de prison. (Is 42,1-4.6-7)

Jésus est le fils choisi pour être la lumière d'un nouveau peuple de Dieu : le « peuple de la grâce » qui sera ouvert à toutes les nations. Le récit évangélique de Jean traduit cela ainsi :

> Si la *Tora* [la Règle de vie] nous fut donnée par Moïse, l'amour vrai qui est grâce nous est venu par Jésus. (Jn 1,17)

Dieu accorde son amour à tout humain, quel qu'il soit : juif ou païen, juste ou pécheur. Et cet amour totalement gratuit sera accueilli d'abord par les humbles, les exclus, les démunis.

**Pierre, et ceux qui sont avec lui,
sont accablés de sommeil ; se réveillant,
ils voient sa gloire et les deux hommes
qui se tiennent avec lui**

C'est pour témoigner de ce Dieu Père rempli d'amour, de grâce que Jésus va mourir en serviteur souffrant, lui aussi humble et rejeté, exclu des bien-pensants. Sa mort sera le don total de lui-même : une mort d'amour... Sa mort sera vécue en complet accord, en parfaite harmonie avec la volonté du Dieu d'amour ; et cette conviction profonde illumine le regard de Jésus.

Il est radieux... de sa communion avec le Père. Il apparaît revêtu de gloire, c'est-à-dire transformé par l'amour, rayonnant de l'amour divin. Son vêtement est aussi éclatant de blancheur. Dans la Bible, la blancheur est symbole de la vie, de la communion avec Dieu. C'est le sens de l'aube qu'on porte pour la liturgie : le mot « aube » vient du mot latin *alba* qui veut dire blanc. Il y a certaines églises chrétiennes qui demandent à tous les fidèles de se vêtir de blanc pour l'Eucharistie. Les catholiques ont gardé cette coutume pour les ministres du culte, et pour le baptême, la première communion, le mariage. Un tel vêtement nous rappelle qui nous sommes : fils et filles du Père qui est Amour. Il dit de *qui* nous sommes aimés et pour quelle vie nous sommes créés.

Pierre dit à Jésus: Maître, il nous est bon d'être ici: faisons trois tentes: une pour toi, une pour Moïse et une pour Élie

L'expérience spirituelle de Dieu que Jésus fait vivre à Pierre, à Jean et à Jacques conduit Pierre à vouloir dresser des tentes. On sait que la fête juive des Tentes rappelle le temps du désert où Israël a vécu sous la tente et où Dieu est devenu le Roi d'Israël. Comme il n'y avait plus de roi à l'époque de Jésus, la fête des Tentes célébrait l'intronisation de Dieu comme le vrai Roi du peuple. Mais cette fête ravivait aussi l'attente du messie, le fils de Dieu, qui serait le lieutenant du Roi divin. Pendant les huit jours de la fête, on passe la nuit sous des tentes de branchages. Le septième jour, le grand Hosanna constitue le sommet de la fête: on se revêt de blanc et, au temple, il y a plein de lumière.

Cette expérience de lumière et de blancheur qu'est la transfiguration évoque donc pour Pierre la fête des Tentes: Pierre doit donc penser qu'est arrivé le moment pour Jésus de se manifester comme le messie. Mais l'Évangile nous dit que Pierre *ne savait pas ce qu'il disait.* Car, pour Jésus, être messie de Dieu ce sera marcher vers la croix, achever sa mission par le don de sa vie jusqu'au bout. Mystère que ce chemin de Jésus, cette voie

par laquelle il choisit de sauver l'être humain.
« Qui perd sa vie la sauve », répète sans cesse
l'Évangile.

En ces jours-là, ils ne rapportent
à personne rien de ce qu'ils ont vu

Les disciples ne pourront rien dire de cette
expérience tant qu'ils ne l'auront pas com-
prise vraiment, c'est-à-dire tant que Jésus
ne sera pas monté sur la croix et que sa
résurrection ne sera pas venue confirmer que
ce destin de crucifié est celui qui est agréé
par Dieu. Ne comprenons pas cette montée
sur la croix comme si la souffrance était
voulue de Dieu pour racheter l'offense,
comme si Dieu voulait un sacrifice humain
en rançon pour le mal. Ne comprenons pas
cette montée sur la croix comme si Dieu
voulait que nous soyons des moutons rési-
gnés, plus ou moins lâches, refusant de com-
battre le mal.

La croix est au contraire le signe d'un
amour puissant et fort, d'un amour qui souffre infiniment de tout ce qui détruit l'être
humain. Et cet amour s'engage contre le mal
et l'injustice. Mais cet amour a aussi un infini
respect pour chaque humain, même pour
celui qui veut détruire l'autre. Il sait que
celui qui fait le mal se détruit lui-même. Il
sait que la violence ne pourra changer le

cœur de celui qui fait le mal. La croix ne peut se comprendre que comme le paroxysme de l'amour, le plus grand geste d'amour. Car aimer celui qui nous blesse, c'est espérer en lui. C'est croire à la beauté secrète enfouie au plus profond de son être. Préférer sacrifier sa propre vie plutôt que de détruire l'autre, c'est lui dire : « Je t'aime malgré le mal que tu me fais. Je t'aime car je sais qu'au plus profond de toi dort un cœur capable d'aimer, un cœur souffrant même de ne pas aimer, car toi aussi tu es fait pour être aimé et aimer. »

Dans sa deuxième lettre, Pierre parle avec force de cette expérience de la transfiguration. Mais c'est qu'alors il a fait l'expérience du Ressuscité :

> Nous vous avons fait connaître la venue puissante de notre Seigneur Jésus messie pour l'avoir vu de nos yeux dans tout son éclat. Il reçut, de Dieu le Père, honneur et gloire quand la voix venue de la splendeur magnifique de Dieu lui dit : « Celui-ci est mon fils bien-aimé, mon élu. » Cette voix, nous-mêmes nous l'avons entendue venant du ciel quand nous étions avec lui sur la montagne sainte. (2P 1,16-19)

Ce témoignage de Pierre doit conforter notre propre foi dans la puissance qui est celle de la bonté et du don de l'amour sur toutes les forces du mal.

Aujourd'hui encore, nous avons besoin de témoins. Citons quelques lignes de Luc Balbont, auteur d'une biographie de Mère Térésa :

> J'ai été saisi par cette femme. Rien qu'en regardant son visage, j'ai senti que cette sœur chrétienne était dans le vrai. Avant même qu'elle ne dise un mot, j'ai su que ses propos étaient ceux de l'amour universel. Cette femme est une manifestation divine. Elle est un témoin du divin. En elle, le don total de soi se transforme en joie, en amour, en lumière. Lorsque nous rencontrons de tels êtres, nous pressentons une transparence qui s'ouvre sur une lumière plus forte que nos ténèbres. Cette joie qu'elle porte en elle, elle en fait don et la partage avec les plus pauvres, sans rien demander, sans rien attendre en retour. L'étincelle qu'elle donne à ceux qui l'approchent finit par allumer un brasier d'amour. Là peut-être commence déjà l'éternité.

Chez mère Térésa, chez tant d'autres inconnus, comme chez Jésus le bien-aimé du Père, le don total de soi se transforme en joie, en lumière. Car celui qui se donne ainsi ouvre large son cœur à l'Esprit divin. Et quand l'Esprit de Dieu envahit un cœur humain, il le remplit d'une paix radieuse que rien, ni personne, ne peut lui enlever. Certes, l'intensité de cette présence rayonnante de l'Amour se laisse percevoir encore voilée pour nous qui sommes encore en ce monde. Un peu comme se perçoit, à l'aurore, la splendeur éclatante du soleil à travers la nuée matinale. Au-delà de la mort, lorsque nous serons dans l'éternité, le rayonnement de l'amour de Dieu nous transfigurera parce qu'alors nous le connaîtrons et le verrons dans la pleine lumière, comme nous le dit Paul dans sa 1ère lettre aux Corinthiens :

> À présent, nous voyons dans un miroir et de façon confuse, mais alors, ce sera face à face. À présent, ma connaissance est limitée, alors, je connaîtrai comme je suis connu. (1Co 13,12)

*

* *

Sur la montagne, je désire monter près de Toi,
Ô Père de lumière !
Mais mon cœur ne comprend pas
encore le don de moi,
le don du pardon, don de la croix.
Esprit du Dieu vivant, insuffle en mon cœur
le désir du mystère de la croix
qui rend joyeux et amoureux
celui qui l'accueille.
Par ton fils Jésus,
donne-moi la force
de construire la tente de ton Règne sur la terre,
Amen !

QUESTIONS DE COMPRÉHENSION
ET D'APPROPRIATION

1. Pourquoi Jésus choisit-il la montagne pour être transfiguré?

2. Pourquoi Jésus choisit-il Pierre, Jacques et Jean pour monter avec lui? Où retrouvons-nous ces trois disciples?

3. Quelles peuvent être les raisons de la présence d'Élie et de Moïse auprès de Jésus? Quelle expérience ont-ils faite sur la montagne?

4. Pourquoi Jésus et son Père choisissent-ils le chemin de la croix pour sauver le monde plutôt que la voie de la puissance des armes contre les méchants?

5. Qu'est-ce que la fête des Tentes? Quel lien y a-t-il entre cette fête et la Transfiguration?

6. Quel est le sens profond des images employées comme celle de la blancheur?

7. Quel est le sens du mot «gloire» dans la Bible?

8. Quelle est la raison première de la transfiguration de Jésus?

9. Que signifie la parole du Père pour les disciples de Jésus : ceux d'hier et ceux d'aujourd'hui ?

10. Quel est le chemin de notre propre « glorification » comme fils, fille du Père Éternel ?

11. « Je croirai à leur Dieu quand les chrétiens auront un visage de ressuscités », disait Nietsche. S'il est vrai que Dieu nous habite, qu'avons-nous fait, chrétiens, de cette gloire du Christ ?

3ᵉ dimanche du Carême
Luc 13,1-9

ÉVANGILE DE JÉSUS
selon l'écrit de Luc

À ce moment-là, des gens viennent rapporter [à Jésus] ce qui est arrivé à des gens de Galilée dont Pilate a mêlé leur sang à celui des animaux qu'ils offraient en sacrifice.

Il leur répond :

« Pensez-vous que ces Galiléens ont souffert cela parce qu'ils étaient pécheurs davantage que tous les Galiléens ? Non, je vous le dis : mais si vous ne vous convertissez pas tous, vous périrez tous de même ! Ou bien ces 18 personnes, à Siloé, sur lesquelles la tour est tombée — et elle les a tuées —, pensez-vous qu'elles étaient plus coupables que tous les habitants de Jérusalem ? Non, je vous le dis : mais si vous ne vous convertissez pas, vous périrez tous comme cela ! »

Il disait encore cette parabole :

« Quelqu'un avait un figuier planté dans son vignoble. Il vient y chercher du fruit et n'en trouve pas. Il dit au vigneron :

"Voici trois ans que je viens chercher du fruit sur ce figuier, et je n'en trouve pas ! Coupe-le ! Pourquoi épuise-t-il le sol ?"

Mais celui-ci répond et lui dit :

"Seigneur ! Laisse-le encore cette année, le temps que je bêche tout autour et que je mette du fumier. Peut-être donnera-t-il du fruit à l'avenir ? Sinon, tu le couperas !" »

À la fin du chapitre 12, Luc présente une série de textes qui préparent notre récit. Trois petites paraboles nous parlent de la nécessité d'être vigilants car le maître va venir et demander des comptes. Puis Luc regroupe des sentences qui invitent chacun à se situer par rapport à Jésus.

Même si le message de Jésus est un message de paix, il provoquera la division dans la mesure où chacun doit se situer pour ou contre lui.

Esprits pervers, vous savez reconnaître l'aspect de la terre et du ciel, et le temps présent, comment ne savez-vous pas le reconnaître ? (Lc 12,56)

C'est un feu que je suis venu apporter sur la terre, et comme je voudrais qu'il soit déjà allumé ! (Lc 12,40.49)

Jésus reprend-il ici le message des prophètes comme Jean le baptiste ? Ceux-ci annonçaient l'intervention imminente de Dieu comme Juge et Justicier. Les pécheurs allaient être punis. La discussion que Jésus engage va apporter des nuances importantes par rapport à ce jugement et à cette intervention de Dieu.

Des gens viennent rapporter ce qui est arrivé à des gens de Galilée dont Pilate a mêlé leur sang à celui des animaux qu'ils offraient en sacrifice

Jésus va au-devant de la question qui se cache derrière cette information : « Ces Galiléens ont-ils été punis pour leurs péchés ? » C'est en effet une mentalité courante à l'époque que de voir dans les épreuves de la vie des punitions de Dieu. Et si ce malheur a été permis par Dieu pour punir les gens de leurs péchés, on pourrait alors en conclure que les autres — qui n'ont pas été tués — sont des gens justes aux yeux de Dieu.

À son tour Jésus apporte un autre fait :

> Ces 18 personnes, à Siloé, sur lesquelles la tour est tombée — et elle les a tuées —, pensez-vous qu'elles étaient plus coupables que tous les habitants de Jérusalem ? (v. 4)

Ces événements ne sont pas confirmés par d'autres écrivains de l'époque. Mais ils ne sont pas invraisemblables. Nous savons que Pilate, le préfet romain de Judée de l'an

26 à 36, avait la réputation d'être très dur et violent avec les Juifs rebelles et surtout à l'égard des Zélotes. L'histoire rapporte plusieurs interventions sanglantes de Pilate à Jérusalem. Jésus s'est donc servi de ces deux faits vécus connus de la population. Mais quelle est sa réponse?

> Non, je vous le dis: [elles n'étaient pas plus coupables]; mais si vous ne vous convertissez pas tous, vous périrez tous de même! (vv. 3.5)

La réponse peut nous paraître obscure, ambiguë. Jésus semble pourtant affirmer clairement qu'il n'y a pas de lien direct entre telle épreuve et telle faute. Dieu n'est pas plus un comptable qu'un juge. C'est un Père qui n'a que l'unique préoccupation de donner la vie et une vie en abondance. Nous avons une confirmation de cette pensée de Jésus dans l'Évangile de Jean. Les apôtres interrogent Jésus à propos d'un aveugle de naissance.

> «Rabbi, qui a péché pour qu'il soit né aveugle, lui ou ses parents?» Jésus répond: «Ni lui ni ses parents. Mais c'est pour que les œuvres de Dieu se manifestent en lui!» (Jn 9,1-3)

Comment comprendre ce lien que nous faisons entre le malheur qui nous arrive et notre péché? Dès notre enfance, on nous a dit: si tu fais ceci, tu seras puni! Et peut-être même: si tu fais cela, le *Bon* Dieu te punira! Jésus, lui, refuse de faire un lien entre le péché et la maladie ou la mort. Mais il nous dit aussi: Ne pensez pas que vous êtes corrects, droits, justes, parce que votre vie est sans épreuve, sans maladie, sans accident! Ne pensez pas que Dieu vous récompense lorsque tout vous réussit... mieux qu'à d'autres! Dieu est *différent* de celui que vous imaginez. Dieu n'est pas un gendarme punisseur ni un juge sévère. Il n'est pas non plus un distributeur de récompenses qui dirait: « Puisque tu as été obéissant, je t'éviterai les accidents. » Si votre Dieu est un Dieu que vous servez par *peur* ou par *intérêt*, votre vie véritable est en danger: car vous n'êtes pas dans l'amour. C'est ce que dira la première lettre de Jean:

De crainte, il n'y en a pas dans l'amour. (1Jn 4,18)

Celui qui regarde Dieu comme un juge tout-puissant, maniant la carotte et le bâton, ne connaît pas Dieu et trahit le visage de Dieu. Dieu ne joue pas aux marionnettes avec nous. Dieu nous a créés responsables de notre liberté. Dieu nous offre la vie, mais il nous appartient de l'accueillir, de la faire grandir ou au contraire de la détruire. Dieu nous a créés par amour et pour l'amour. Si nous n'ouvrons pas notre cœur à son amour de Père, nous ne vivons pas vraiment de la vie de Dieu. Si nous *ne connaissons pas Dieu comme notre Père*, nous ne pouvons pas être avec Lui en vrai lien d'amour. Si nous ne vivons pas à l'unisson de cet amour divin, nous serons spirituellement comme morts. Comme le dira la première lettre de Jean :

> Qui n'aime pas, demeure dans la mort. (1Jn 3,14)

Si vous ne vous convertissez pas tous, vous périrez tous de même!

Au début de son ministère, Jésus insiste beaucoup sur l'urgence de la conversion. L'évangile de Marc le souligne dès le premier chapitre. Il note d'abord la prédication du prophète Jean-baptiste :

> Jean le Baptiste parut dans le désert, proclamant un baptême de conversion en vue du pardon des péchés. (Mc 1,4)

Jésus semble poursuivre la prédication amorcée par Jean :

> Après que Jean eut été livré, Jésus vint en Galilée. Il proclamait l'Évangile de Dieu et disait : « Les temps sont accomplis. Le Règne de Dieu est proche : convertissez-vous et croyez à l'Évangile. » (Mc 1,14-15)

Se convertir, dans la langue juive, signifie « changer de direction ». En quoi les compatriotes de Jésus ont-ils besoin de changer ?

On peut le déceler à travers ses invectives contre ceux qui ne se sont pas convertis :

> Il se mit à invectiver contre les villes où avaient eu lieu la plupart de ses miracles, parce qu'elles ne s'étaient pas converties. « Malheureuse es-tu, Bethsaïda ! Car si les miracles qui ont eu lieu chez vous avaient eu lieu à Tyr et à Sidon, il y a longtemps que, sous le sac et la cendre, elles se seraient converties. Oui, je vous le déclare, au jour du Jugement, Tyr et Sidon seront traitées avec moins de rigueur que vous. » (Mt 11,20-22)

Tyr et Sidon sont des villes païennes. Jésus semble dire qu'elles se seraient converties, comme le fit la ville païenne de Ninive à la prédication de Jonas. Jésus dira aussi qu'on viendra de l'est et de l'ouest, du nord et du sud afin de prendre place à la Table de Dieu et que des Juifs seront laissés dehors (*cf.* Lc 13,28-29). Le récit évangélique fait suivre ces invectives d'une prière de Jésus où il dit son action de grâces pour ceux qui se sont convertis :

> Je te bénis, Père, parce que ton mystère caché aux sages et aux savants est révélé aux petits. (Mt 11,25)

Ainsi ce sont des petits et des humbles, et aussi des païens, qui acceptent de changer leur façon de regarder Dieu et de se comporter avec lui. Pourquoi ? Parce que le Dieu de Jésus est celui qui se rencontre dans la gratuité. Les gens qui se pensent bons et justes veulent mériter de rencontrer Dieu par leurs efforts et leurs bonnes actions. On entend souvent : « J'aurais bien gagné mon ciel. » Ceux-là se trompent. La seule dette que nous avons envers Dieu est une dette d'amour. Rien d'autre que l'amour ne peut acquitter cette dette. Et l'amour doit être d'abord accueilli de Celui qui en est la source. L'amour ne peut être accueilli que comme un don, voire comme un pardon. Celui qui n'accueille pas comme un pauvre, celui-là ferme son cœur à l'amour du Père et marche vers la mort spirituelle. Comme les païens, eux, ne peuvent s'appuyer sur aucun titre pour revendiquer l'amour de Dieu, ils sont donc tout accueil. Pierre, après Pâques, fera l'expérience que Dieu donne son Esprit à la famille du païen Corneille :

> Dieu a donné à ces gens le même don qu'à nous autres... Dieu a donné aussi aux nations païennes la conversion qui mène à la vie. (Ac 11,17-18)

Notons cette insistance : Dieu a *donné* un *don*. La traduction œcuménique (Tob) dit : « Dieu a fait un don gracieux. » Dieu a *donné* la conversion. Et cette conversion conduit à vivre en plénitude. Elle est communion à l'Esprit de Dieu qui embrase notre cœur du feu de son amour.

On comprend alors la hâte ardente de Jésus de pouvoir communiquer ce feu, cette vie, ce bonheur. On comprend aussi sa souffrance devant le refus des bien-pensants, suffisants. Origène rapporte cette parole de Jésus :

> Qui est près de moi est près du feu. Qui est loin de moi est loin du Royaume.

Jésus souffre de voir refuser l'harmonie de la communion divine et de la fraternité humaine, de voir qu'on s'éloigne de la Source de vie. Pour le décrire, il emploie la comparaison d'une lampe :

> La lampe du corps, c'est l'œil. Si donc ton œil est sain, ton corps tout entier sera dans la lumière. Mais si ton œil est malade, ton corps tout entier sera dans les ténèbres. Si donc la lumière qui est en toi est ténèbre, quelles ténèbres ! (Mt 6,22)

Cependant il ne condamne pas pour autant l'humain qui se ferme ou s'éloigne de la Source de lumière ; au contraire il veut se faire son ami :

> Les collecteurs d'impôts et les pécheurs s'approchaient tous de lui pour l'écouter. Et les Pharisiens et les Scribes murmuraient ; ils disaient : « Cet homme-là fait bon accueil aux pécheurs et mange avec eux ! » (Lc 15,1-2)

Il dévoile la joie de Dieu aux retrouvailles de la brebis perdue (*cf.* Lc 15,7). Le Dieu de

Jésus est comme un père débordant de tendresse qui saute au cou de son fils retrouvé (*cf.* Lc 15,20). Jésus l'a fortement expérimenté dans sa rencontre avec Zachée :

> Aujourd'hui, le salut est venu pour cette maison, car lui aussi est un fils d'Abraham. En effet le Fils de l'homme est venu chercher et sauver ce qui était perdu. (Lc 19,9)

Jacques Duquesne tente de traduire cet essentiel du message de Jésus :

> Le Dieu annoncé par Jésus, incarné par Jésus, n'a pas de compte à régler avec les hommes, mais il nourrit pour eux un projet d'amour […] Ce projet peut se définir en quelques mots : c'est qu'ils participent à sa vie éternellement. Si un seul de ces hommes échappe à ce projet, ne participe pas, en fin de compte, éternellement, à la vie divine, c'est un échec pour le Dieu de Jésus. (*Le Dieu de Jésus*, Grasset-DDB, 1997, p. 204)

Si vous ne vous convertissez pas tous, vous périrez tous comme cela !

Cet appel à la conversion, répété une seconde fois (v. 5) ne doit pas être entendu comme une menace de malheur, mais comme une invitation pressante à prendre conscience que rien ne peut remplacer le bonheur d'une existence qui est vécue en communion avec Dieu. Les catastrophes peuvent être des avertissements pour nous inviter à prendre conscience de ce qui est l'essentiel de la vie. Un accident d'autobus ou d'avion, un séisme ou une irruption volcanique, qui tuent des dizaines ou parfois des milliers de personnes, ces faits tragiques peuvent provoquer une interrogation profonde sur le sens de la vie.

Pour certains, ce sera l'occasion de vivre des solidarités et de partager avec les plus démunis, pour d'autres, moins nombreux heureusement, ce sera de profiter de l'opportunité pour s'enrichir ou pour voler son semblable. Pour celui ou celle qui veut bien écouter la leçon de tels événements, l'interrogation pourra être fructueuse : quelles sont donc les vraies valeurs de notre fragile existence terrestre ? qu'est-ce qui fait l'essentiel d'une vie humaine ? À la télévision, le chanteur Dan Bigras confessait que c'est alors qu'il croyait être atteint d'un mal incurable, qu'il a pris conscience de ce qui comptait vraiment dans sa vie. Et ce n'était pas ses succès, ses chansons, sa musique... mais son enfant ! « Lui, il m'aime "sans condition", confiait-il. Jamais auparavant, je n'avais fait cette expérience. » Cette expérience de l'amour véritable, gratuit et sans condition, n'est-ce pas la conversion à laquelle Jésus nous appelle ?

C'est un feu que je suis venu apporter sur terre, et comme je voudrais qu'il soit déjà allumé! (Lc 12,49)

Quelqu'un avait un figuier planté dans son vignoble. Il vient y chercher du fruit et n'en trouve pas

Découragé et déçu devant l'état de fait, il propose au vigneron de le couper. Mais celui-ci répond:

Seigneur! Laisse-le encore cette année, le temps que je bêche tout autour et que je mette du fumier. Peut-être donnera-t-il du fruit à l'avenir? (vv. 8-9)

Ces images de vigne et de figuier sont fréquentes dans la Bible. Elles veulent illustrer que Dieu prend soin d'Israël comme le vigneron prend soin de sa vigne. Rappelons ce texte du prophète Isaïe:

Que je chante à mon ami le chant de son amour pour sa vigne. Mon ami avait une vigne sur un coteau fertile. Il la bêcha, l'épierra, il y planta du muscat. Au milieu il bâtit une tour, il y creusa une cuve. Il en espérait du raisin, mais elle lui donna du verjus. Et maintenant, habitants de Jérusalem et gens de Juda, soyez juges, je vous prie, entre ma vigne et moi. Que pouvais-je faire pour ma vigne, que je n'aie fait? J'en espérais du raisin. Pourquoi seulement du verjus? (Is 5,1-4)

Malgré toute l'attention du Maître de la vigne, les plants ne donnaient pas de bons fruits. L'Envoyé de Dieu, Jésus, pourra-t-il réussir à changer les cœurs afin qu'ils produisent de bons fruits ? Il n'est pas le premier prophète à constater l'égarement de son peuple. Osée le formulait ainsi :

> Quand Israël était enfant, je l'aimai, et de l'Égypte j'appelai mon fils. Mais plus je les appelais, plus ils s'écartaient de moi ; ils ont sacrifié aux Baals et fait fumer des offrandes devant les idoles. (Os 11,1-2)

Jésus constate que sa mission n'aura pas les résultats escomptés. En Galilée, les Pharisiens et les Hérodiens se sont ligués contre son message :

> Les Pharisiens avec les Hérodiens tinrent conseil contre lui pour le faire périr. (Mc 3,6)

Les foules ont été déçues qu'il n'accepte pas de devenir le messie politique, celui qu'elles attendaient avec grand espoir :

> Jésus donc, sachant qu'ils allaient venir et l'enlever, afin de le faire roi, se retira encore sur la montagne, lui tout seul. (Jn 6,15)

L'Évangile rapportera sa plainte sur Jérusalem parce qu'elle n'a pas saisi sa dernière chance de retrouver le vrai Dieu de l'Alliance :

> Jérusalem, Jérusalem, toi qui tues les prophètes et lapides ceux qui te sont envoyés, que de

fois j'ai voulu rassembler tes enfants comme une poule rassemble sa couvée sous ses ailes, et vous n'avez pas voulu. (Lc 13,34-35)

Mais l'intervention du vigneron va créer encore un délai, un temps pour la conversion. Un temps pour accueillir le pardon, la grâce toute gratuite de Dieu :

Seigneur ! Laisse-le encore cette année, le temps que je bêche tout autour et que je mette du fumier. (v. 8)

Ce temps n'est-il pas l'an de grâce dont Jésus parlait à la synagogue de Nazareth ?

L'Esprit de Dieu m'a envoyé proclamer l'an de grâce du Seigneur-Dieu. (Lc 4,18)

Durant tout son ministère, le Christ essaie de toucher le cœur de ses auditeurs afin de les ouvrir à l'amour et à la lumière divine. Comme il le vit lui-même, il sait que celui qui vit une amitié forte avec Dieu, celui-là sera fécondé par cet amour et en portera les fruits : joie, paix, bonté, confiance...

Comme un père ou une mère peut souffrir de voir son enfant refuser son amour ou gâcher sa vie, Dieu souffre de nous voir passer à côté de son amour, de nous voir refuser la paternité qu'il nous offre. C'est la conscience forte de cette souffrance du Père qui explique l'urgence pressante de l'appel que Jésus nous lance à nous convertir. Pour-

tant Dieu, aussi pressé et « impatient » soit-
il de nous voir accepter son amour, de nous
voir vivre vraiment et être heureux, Dieu
accorde — encore et toujours — un dernier
délai... à son espérance ! Il ne désespère
jamais de nous voir répondre à sa prière.

Pour Jésus, le temps de l'histoire est toujours comme l'an de grâce. Le temps de notre
vie terrestre est un temps d'amour pour une
libération. C'est à cette libération que nous
devons nous convertir. Notre vie est une année sainte... si nous savons l'accueillir. S'il y
a une violence de l'amour en Dieu, c'est la
violence de son espérance. C'est peut-être
ce que la Bible traduit lorsqu'elle parle d'un
Dieu jaloux :

> Ainsi parle le Seigneur-Dieu : Maintenant, je
> changerai la destinée de Jacob, j'userai de
> miséricorde envers toute la maison d'Israël et
> je me montrerai jaloux de mon saint nom.
> (Éz 39,25)

C'est ce que l'apôtre Paul écrit à ses chers
Corinthiens :

> J'éprouve à votre égard autant de jalousie que
> Dieu. Je vous ai fiancés à un époux unique,
> pour vous présenter au Christ, comme une
> vierge pure. Mais j'ai peur que vos pensées ne
> se corrompent en s'écartant de la simplicité
> envers le Christ. (2Co 11,2-3)

Dieu sait patienter... d'une patience ardente. Dieu a hâte d'établir une communion intime avec chacun, chacune de ceux qu'Il aime depuis toujours. Dieu sera sans doute le dernier à désespérer de nous. Olivier Clément rapporte et commente ce propos d'un moine du Mont-Athos à qui on demandait s'il y avait quelqu'un en enfer :

> Soyez sûr que, tant qu'il y aura quelqu'un en enfer, le Christ y sera avec lui. ... [Oui,] Dieu reste à la porte de chaque cœur, même des cœurs qui lui demeurent fermés, et, s'il le faut, il attendra toute l'éternité que ces cœurs s'ouvrent à lui.

Voilà le message du figuier : certitude de l'inépuisable miséricorde de Dieu. Mais il nous faut toujours le mettre en parallèle avec le message de Jésus :

> Si vous ne vous convertissez pas tous, vous périrez tous de même !

Un message qui nous rappelle — avec toute l'urgence de l'amour — que Dieu ne peut que respecter la liberté de l'humain. Parce qu'Il n'est qu'Amour, Dieu est désarmé devant le refus de son amour. Dieu ne peut rien... sauf respecter notre choix. La justice de Dieu, c'est — d'une certaine manière — le respect de notre liberté. Maurice Zundel traduira ainsi cet immense respect de l'amour de Dieu :

Toutes les tendresses du monde ne peuvent rien contre un cœur fermé. Toutes les tendresses du monde peuvent transfigurer une vie qui s'ouvre... mais, si elle se refuse, l'Amour est impuissant. (Maurice Zundel, *Ton visage, ma lumière*, Paris, Desclée, 1989, p. 53)

*

* *

Jésus, ton amour est complète gratuité.
Mais mon cœur souvent est fermé
à se laisser aimer.
Apprends-moi l'impuissance de ton cœur
ouvert et donné sur la croix.
Dieu, Père de patiente
et indéfectible espérance,
apprends-moi à reconnaître
tous les signes de Jonas
qui existent sur la terre des vivants.
Fais-moi porteur de la violence
de ta tendresse,
toujours pleine et grande miséricorde
qui guérit sans cesse et toujours
pour les siècles et des siècles! Amen!

QUESTIONS DE COMPRÉHENSION
ET D'APPROPRIATION

1. Jésus reprend-il le même message que Jean le Baptiste qui annonçait que la justice de Dieu allait châtier les mauvais ?

2. Quel lien Jésus fait-il entre les malheurs du monde, les souffrances personnelles et le péché ?
   Pour Jésus, la souffrance est-elle une punition de Dieu ?

3. Est-ce Dieu qui met des épreuves sur notre chemin pour nous confronter, nous faire grandir ou nous faire périr ?

4. Pourquoi faisons-nous spontanément le lien entre les épreuves, les souffrances et notre péché ?

5. Comment comprendre cette phrase de la première lettre de Jean : « Qui n'aime pas, demeure dans la mort » ?

6. Que veut dire « se convertir » dans le langage biblique ? De quelle conversion ai-je besoin aujourd'hui ?

7. Pourquoi est-il plus facile aux petits et aux pécheurs de se convertir qu'à ceux qui vivent une vie juste ?

8. À qui Dieu accorde-t-il le don de son amour?

9. Quelle est l'attitude de Dieu envers les pécheurs (*cf.* verset 8)?

10. Que signifie l'impatience de Dieu de nous sauver?

4ᵉ dimanche du Carême
Luc 15,1-3.11-32

ÉVANGILE DE JÉSUS
selon l'écrit de Luc

Les collecteurs d'impôts et les pécheurs venaient tous à [Jésus] pour l'écouter. Les Pharisiens et les scribes murmuraient et disaient : « Cet homme fait bon accueil aux pécheurs et il mange avec eux. »

Alors il leur dit cette parabole : « Un homme avait deux fils. Le plus jeune dit à son père : *"Père, donne-moi la part d'héritage qui me revient."* Et le père fit le partage de ses biens. Peu de jours après, le plus jeune rassembla tout ce qu'il avait et partit pour un pays lointain où il gaspilla sa fortune en menant une vie de désordre. Quand il eut tout dépensé, une grande famine survint dans cette région et il commença à se trouver dans la misère. Il alla s'embaucher chez un homme du pays qui l'envoya dans ses champs garder ses porcs. Il aurait bien voulu se remplir le ventre avec les gousses que mangeaient les porcs. Mais personne ne lui donnait rien. Alors, il réfléchit: Chez mon père, tant d'ouvriers ont du pain en abondance et moi, je meurs de faim. Je vais retourner chez mon père, et je lui dirai: "Père, j'ai péché contre le ciel et contre toi. Je ne mérite plus d'être appelé ton fils. Prends-moi comme l'un de tes ouvriers." Il partit donc pour aller chez son père. Comme il était encore loin, son père l'aperçut et fut saisi de compassion. Il courut se jeter à son cou et le couvrit de baisers. Le fils lui dit: "Père, j'ai péché contre le ciel et contre toi. Je ne mérite plus d'être appelé ton fils..." Mais le père dit à ses domestiques: "Vite, apportez le plus beau vêtement pour l'habiller. Mettez-lui une bague au doigt et des sandales aux pieds. Allez chercher le veau gras, tuez-le; mangeons et festoyons. Car mon fils que voilà était mort et il est revenu à la vie; il était perdu et il est retrouvé." Et ils commencèrent la fête.

Le fils aîné était aux champs. À son retour, quand il fut près de la maison, il entendit la musique et les danses. Appelant un des domestiques, il demanda ce qui se passait. Celui-ci répondit: "C'est ton frère qui est de retour. Et ton père a tué le veau gras parce qu'il a vu revenir son fils en bonne santé." Alors le fils aîné se mit en colère et il refusait d'entrer. Son père, qui était sorti, le suppliait. Mais il répliqua: "Il y a tant d'années que je suis à ton service sans jamais avoir désobéi à tes ordres; et jamais tu ne m'as donné un chevreau pour festoyer avec mes amis. Mais, quand ton fils que voilà est arrivé, après avoir dépensé ton bien avec des filles, tu as fait tuer le veau gras pour lui !" Le père répondit : "Toi, mon enfant, tu es toujours avec moi, et tout ce qui est à moi est à toi. Il fallait bien festoyer et se réjouir : car ton frère que voilà était mort et il est revenu à la vie ; il était perdu et il est retrouvé." »

La parabole se situe dans le 15ᵉ chapitre de Luc qui est tout entier consacré à justifier l'attitude de Jésus. En effet il se fait reprocher par les Pharisiens de côtoyer les gens de mauvaise vie. Il y répond par trois paraboles qui sont toutes trois rythmées par le même refrain : « Réjouissez-vous avec moi ! Il y a de la joie pour Dieu pour un seul pécheur qui change de vie. » (Lc 15,10)

Une des plus belles paraboles de l'Évangile ! Sinon la plus belle ! Et qui a inspiré bien des vies... et bien des peintres. Un tableau de Rembrandt, *Le fils prodigue*, illustre merveilleusement la parabole. Au centre de la toile, le Père, grand et légèrement voûté, se penche sur son fils à genoux devant lui, la tête enfouie dans sa poitrine. Le visage du fils ressemble à un fœtus, comme si Rembrandt avait voulu signifier que le fils rentrait dans le sein de son père pour y recevoir

une seconde fois la vie. Les deux mains du
père enveloppent le fils. La main gauche est
forte : elle veut soutenir et dire le réconfort
de l'amour. La main droite est douce : elle
repose sur l'épaule pour dire la tendresse.
C'est une main féminine : dans la Bible, Dieu
se nomme aussi mère de tendresse :

> Une femme oublie-t-elle l'enfant qu'elle a
> nourri ? Cesse-t-elle de chérir le fils de ses
> entrailles ? Moi, je ne t'oublierai jamais. Je t'ai
> gravé sur les paumes de mes mains. (Is 49,15-16)

Du visage du père rayonne une intense
lumière et les yeux sont clos comme pour
exprimer que la conversation entre le père
et son fils est toute entière intérieure. À
droite, se tient le fils aîné. Le grand bâton
qu'il tient dans ses mains accentue encore sa
raideur. Son visage semble indifférent à la
scène qui se passe. Il se trouve en dehors,
comme s'il était étranger à cette scène d'intense amour qui se vit entre le père et son
fils.

Quand on a prié devant ce tableau, il
semble que toute parole pour expliquer la
parabole paraîtra bien pauvre. Nous l'appe-
lons, dans nos livres, la parabole de *l'enfant
prodigue*. Mais les manuscrits des Évangiles
(en grec) ne comportent pas de titre. Les
titres sont donc le choix des traducteurs. S'il
fallait en choisir un, ne faudrait-il pas dire :

« Le père prodigue et ses deux fils » ? Car les *deux* fils sont importants : il ne faut donc pas céder à la tentation d'arrêter la parabole au retour du fils cadet. D'autre part, prodiguer veut dire : dépenser sans compter. Et la parabole nous parle moins du fils qui a dépensé son argent que de la prodigalité du père qui dépense sans compter son amour.

Le plus jeune dit à son père...

Si le retour du fils cadet est si important, c'est que son départ l'était aussi. Nous mesurons mal aujourd'hui cette importance, car il nous est habituel de voir un jeune adulte quitter la maison familiale pour aller vivre ailleurs. Mais, dans la parabole, il y a bien plus qu'un départ : entre le père et son fils, il s'agit d'une coupure *radicale*, au sens fort de ce mot qui signifie « racine ». Non seulement le fils demande sa part d'héritage — ce qui était normal lorsque le père devenu âgé ne pouvait plus diriger la ferme —, mais il n'attend pas la mort de son père pour *transformer* sa part de l'héritage *en argent liquide*. Ce qui était une grave insulte, un manque de respect envers ses parents. De plus, il part pour un autre pays : il quitte sa terre et celle de son peuple (le peuple des fils de Dieu) pour aller vivre chez les païens. Cela peut évoquer qu'il quitte Dieu, *Celui qui l'a façonné dans le secret, tissé dès le sein de sa mère,* comme il est dit dans le psaume 50. Il ne veut plus s'entendre dire : « Tu es mon fils bien-aimé, celui que j'ai choisi. » Citons Jean-Michel Garrigues :

> « Donne-moi ma part d'héritage ! » C'est-à-dire donne-moi la création : mais la création sans toi, pour que je l'utilise, que j'en bénéficie par moi-même et pour moi-même, loin de toi. Le drame du péché réside dans le mot « la part », car Dieu voulait donner tout... mais tout donner dans la communion, dans l'héritage partagé, non pas au sens que l'on découpe mais au sens où l'on goûte ensemble. Il voulait pouvoir dire au fils prodigue ce qu'il dira au fils fidèle : « Mon enfant, tu es toujours avec moi. » (Jean-Michel Garrigues, *Dieu sans idée du mal,* Critérion, 1982, p. 56)

Il gaspilla sa fortune en menant une vie de désordre

Le fils a écouté d'autres voix lui parler d'un autre amour que celui de ce partage dans la communion : cet amour qu'il faut seulement accueillir, puisqu'il est don, pure gratuité. Et l'accueillir sans penser qu'on l'a mérité, sans même chercher à le mériter (ce qui transformerait alors ce don en un dû). Or, vouloir mériter l'amour de Dieu, c'est lier les mains de Dieu qui ne peuvent plus donner. Dans *Le retour de l'enfant prodigue,* Henri Nouwen traduit ainsi cette expérience :

Il y a beaucoup d'autres voix, des voix qui sont bruyantes, pleines de promesse et de séduction. Elles me laissent entendre que je ne serai pas aimé sans l'avoir gagné... Elles veulent que je me prouve, à moi-même et aux autres, que je mérite d'être aimé, et elles me poussent constamment à faire tout ce qui est possible pour être accepté. (Henri Nouwen, *Le retour de l'enfant prodigue*, Bellarmin, 1995, p. 50)

Pour avoir des amis (ou du moins des admirateurs), on est souvent prêt à bien des compromis, des demi-mensonges... L'amour, tel que le monde le vit, est toujours plus ou moins conditionnel : « Je serai aimé si je suis beau, intelligent, si je fais de l'esprit ; j'aurai des amis si j'ai de l'argent, si je pense comme les autres. » Nous utilisons alors les dons de Dieu (notre intelligence, notre cœur) pour impressionner les autres et en être admirés, bien plus que pour aimer l'autre gratuitement.

Mais très vite les fruits de cet amour sont jalousie, ressentiment, colère, vengeance : « Puisque tu m'as blessé, je te blesserai... Puisque tu m'as ignoré, je t'ignorerai à mon tour. » Lorsque disparaissent beauté du corps, argent... on se retrouve seul : solitaire et sans amis, doutant d'avoir jamais vraiment été aimé pour soi-même.

À son retour, le fils cadet marchandera les sentiments de son père. Il prépare des explications comme si l'amour de son père était conditionnel. Il ne croit sans doute pas dans un pardon total et sans condition. Se voyant traité à peu près comme un cochon (ces animaux qu'il est interdit à un juif de manger et qu'on ne trouve pas dans la maison de Dieu), le fils peut bien vouloir revenir chez son père, même si c'est pour y être traité comme un mercenaire, un domestique.

Mon fils que voilà était mort et il est revenu à la vie; il était perdu et il est retrouvé

Est-il si facile de croire dans le pardon? Croire dans le pardon est le plus grand défi de la vie spirituelle. Accepter d'être pardonné n'est pas facile : que ce pardon vienne de Dieu ou de ceux qu'on aime. Nous le ressentons souvent comme une humiliation, une dépendance. Et pourtant la grandeur véritable de l'être humain n'est autre que celle de l'amour : et dans l'amour on a besoin de l'autre pour que « se fasse de la vie ». Pour devenir capable d'amour, il faut accepter de *renaître* d'en haut, de renaître du Père, de renaître de son amour... de son pardon.

Il y a tant d'années
que je suis à ton service
sans jamais avoir désobéi à tes ordres

Le fils aîné est-il plus proche de son père? Sa réaction ne nous surprend sans doute pas. Il ne comprend pas que son père semble récompenser l'ingratitude de son frère en faisant une fête. Il réagit un peu comme les ouvriers de cette autre parabole de Jésus, qui criaient à l'injustice car eux qui avaient travaillé tout le jour n'étaient pas plus payés que ceux qui n'avaient travaillé qu'une heure. Ce fils aîné est le portrait des Pharisiens qui s'offensent de voir Jésus accorder tant d'honneur à des gens de mauvaise vie, à des collaborateurs avec l'ennemi comme sont les publicains. Ces Pharisiens veulent aussi présenter leurs droits: ils servent Dieu et prennent soin de ne jamais transgresser un seul de ses ordres. Ils ressemblent au fils aîné qui exprime sa révolte devant ce qui lui semble une injustice de son père.

> Il y a tant d'années que je te sers sans jamais avoir désobéi à tes ordres. (v. 28)

Il a sans doute raison s'il faut se situer sur le plan de ce qui est équitable. Si Dieu traite avec tant de miséricorde, avec tant d'honneur, ceux qui se sont moqués de lui:

> Quel avantage reste-t-il encore pour les justes?
> Si les pécheurs sont les privilégiés de la grâce,

à quoi bon se mettre en peine pour observer les commandements ? (Jacques Dupont, *Assemblées du Seigneur* n° 17, p. 66)

Par son attitude, l'aîné est lui aussi éloigné du véritable amour. Extérieurement il a fait toutes choses comme un bon fils. Mais, parce qu'il a été juste, il considère *avoir des droits* à l'amour de son père. Si son cadet a cherché à acheter l'amour de ses amis par l'argent, l'aîné pense avoir droit à la reconnaissance de son père à cause de sa conduite exemplaire. Or ce sentiment d'avoir des droits tue l'amour et la joie. La conviction de sa rectitude a tué en son cœur la compassion, la bonté. Il ne veut reconnaître son frère comme frère que lorsqu'il aura réparé ses torts. Son frère lui est devenu étranger. Il ne l'appelle d'ailleurs plus son frère mais parle de lui en disant : « Ton fils que voilà ! » Et ne reconnaissant plus son frère, il est en train de ne plus reconnaître son père.

Toi mon enfant tu es toujours avec moi, et tout ce qui est à moi est à toi

Le père dit à l'aîné qu'il est en communion avec lui. Rappelons qu'au partage de la fortune, deux tiers des biens reviennent de droit au fils aîné. Mais, normalement, jusqu'à sa mort le père continuera d'être le propriétaire et pourra jouir de l'usufruit de ses biens.

Ainsi le père et le fils marchent ensemble et travaillent en commun à *leur* ferme. On comprend bien alors le «Tout ce qui est à moi est à toi». Cette phrase évoque les confidences de Jésus dans l'écrit de Jean:

Tout ce qu'a le Père est à moi. (Jn 16,15)

Le Père aime le fils et lui a confié toutes choses. (Jn 3,35)

Je suis dans le Père et le Père est en moi. (Jn 14,10)

Le Père et moi nous sommes Un. (Jn 10,30)

Telle est la vocation de tout humain, sa destinée éternelle. C'est là que je peux trouver la joie parfaite: croire que Dieu me veut près de Lui, qu'Il me cherche, qu'Il m'attend; que je suis la joie de Dieu lorsque je reviens pour communier en Lui.

Il y a plus de joie en Dieu pour un seul pécheur qui revient que pour 99 justes. (Lc 15,7)

Douter de cet intérêt de Dieu pour moi, parce que je suis son fils, son unique, c'est offenser Dieu. La vraie question de Dieu n'est pas: comment Le connaître et comment pouvoir L'aimer? Nous poser de telles questions montre bien qu'il nous est difficile de pénétrer ce qu'est l'amour vrai. Car c'est Dieu qui me cherche et c'est moi qui me cache. C'est Lui qui m'a aimé depuis toujours. La vraie question est alors : comment me laisser aimer de Dieu ? Son amour n'a de cesse de me faire vivre comme un être libre et aimant. Ainsi, au fils prodigue, le père donne des sandales et un anneau (cet anneau peut porter le nom de famille et permet de signer des transactions). Ces objets sont les symboles de l'homme libre, de celui qui n'est pas un esclave. Il donne aussi l'habit de fête pour partager le festin de la joie. Chaque jour — et peut-être surtout au jour de peine où nous risquons de nous replier sur nous-mêmes — Dieu nous redit : « Réjouissez-vous avec moi ! »

Ton frère que voilà était mort et il est revenu à la vie ; il était perdu et il est retrouvé

Le père invite son aîné à partager sa joie. Pour cela il lui faudra reconnaître que l'autre est vraiment son frère. À l'aîné, le père ne parle jamais de son fils, comme on pourrait s'y attendre. Il ne dit pas : *mon fils* est de retour mais *ton frère* est de retour. « Ton frère que voilà était mort et il est revenu à la vie. » À nous aussi, la même invitation est faite :

> Réjouissez-vous car votre frère, votre sœur est revenu à la vie : cet enfant a réconcilié ses parents séparés, cet époux a renoué avec sa conjointe, ce jeune alcoolique a pris son jeton

de six mois de sobriété, cette maman a pardonné à son fils... oui, réjouissez-vous avec moi !

Le péché conduit à la joie. Voilà comment Dieu voit le péché : une porte d'entrée pour renouveler l'amitié, pour la rendre plus forte, plus vraie. Et quand l'amour renaît, quand la vie rejaillit, alors c'est la joie ! Voilà ce que Dieu veut pour les pauvres pécheurs que nous sommes. Le péché conduit à la joie ! Une telle affirmation ne scandalise que ceux qui n'ont jamais goûté à cette joie : ceux qui n'ont jamais vécu de vraies réconciliations ; ceux qui n'ont jamais éprouvé ce bonheur de se laisser aimer tendrement. Paul dira aux Romains : « L'amour surabonde là où le péché a multiplié. » (Rm 5,20)

Si nous sommes, selon le temps et les moments, le fils cadet ou le fils aîné, notre vocation ultime est de devenir semblable au Père : compatissant comme Lui, pardonnant comme Lui, bon et généreux comme Lui. Jésus dira : « Soyez miséricordieux comme votre Père. » Déjà le prophète Jérémie nous traçait un tel portrait de Dieu :

Ephraïm [mon peuple] est-il pour moi un fils chéri, un enfant qui fait ma joie ? Chaque fois que j'en parle, je dois encore et encore faire mention de lui ; et en mon cœur, quel émoi pour lui ! Oui, je l'aime, oui, je l'aime. (Jer 31,20)

La parabole de Jésus met en scène le Dieu-père dont nous devons imiter les sentiments et les gestes. Un Père qui a su attendre le fils qui était parti, dans le plus grand respect de sa liberté. Qui ne craint pas de courir au devant de son fils lorsqu'il revient et de le serrer dans ses bras avant même qu'il ait pu s'excuser. Un Père qui sort pour aller à la rencontre de l'aîné qui ne veut pas rentrer et qui écoute avec respect ses reproches.

Jésus a vécu lui aussi cette compassion généreuse pour celui qui s'est égaré. Par cette parabole, il répond donc aux murmures des Pharisiens : « Cet homme fait bon accueil aux pécheurs et il mange avec eux. » (v. 2) Il répond au scandale que certains de ses gestes provoquent lorsqu'il ne condamne pas la femme adultère et lorsqu'il dit aux Pharisiens que Marie-Madeleine a le cœur rempli d'amour. Ce qui pousse Jésus à agir ainsi, c'est sans nul doute l'amour. Il aimait ce percepteur des impôts qui s'appelait Zachée : au point qu'il avait voulu loger chez lui. Il aimait cette femme qui lui montrait tant de tendresse. Il aimait ce paralytique. Et il sentait qu'ils avaient besoin de son amour pour retrouver leur propre dignité, pour avoir de nouveau confiance en leur bonté enfouie au plus intime d'eux-mêmes.

Jésus avait cette conviction profonde : celui qui manque d'amour n'a pas besoin de sanction, de reproches. Car ce n'est pas cela qui peut le changer. C'est seulement en se sentant véritablement aimé qu'il retrouvera la force d'aimer à son tour. Celui qui manque d'amour a besoin de se sentir serré, embrassé avec force et tendresse, de se sentir respecté, revalorisé. Et d'autant plus que le manque d'amour est le plus grand. Face aux critiques de son attitude envers les pécheurs, Jésus se justifie donc en invoquant la conduite même de Dieu. Et il dit que le Père agit ainsi parce que l'amour véritable agit ainsi. Il n'y a pas d'amour vrai sans pardon. Un pardon qui n'est pas l'oubli de la faute mais l'amour re-donné, par-donné.

Le grand théologien Guardini a bien décrit cette priorité de la bonté sur la justice.

> La justice est bonne : elle est le fond de l'existence. Mais il y a quelque chose au-dessus de la justice, c'est la bonté d'un cœur s'ouvrant tout grand et librement. La justice court le risque de ne pas voir qu'au-dessus d'elle il y a le royaume de la liberté et de l'amour créateur, de la force novatrice du cœur et de la grâce. Malheur au monde où ne régnerait que la justice.

Madeleine Delbrêl parlait ainsi de la vocation de tout disciple de Jésus :

> Tu es chrétien par et pour la charité ; par rien d'autre et pour rien d'autre. Si tu oublies la

charité, tu te rends absurde et si tu la trahis, tu deviens monstrueux. Aucune justice ne peut te dispenser de sa loi. Nous sommes libres de toute obligation mais totalement dépendants d'une seule nécessité : la charité. C'est l'Esprit du Christ qui nous rend vivants de charité, agissants par la charité, féconds de charité. (*in* J. Loew, *Vivre l'Évangile avec M. Delbrêl*, Centurion, 1994, p. 113)

Madeleine Delbrêl parle de la charité... un mot qu'on a souvent compris comme de la pitié, un amour condescendant, alors qu'il exprime au contraire l'amour le plus gratuit (en grec, l'*agapè*). Elle dira que la bonté est la plus belle traduction humaine de la charité divine.

Terminons par ce texte que Paul, un homme souvent malade, m'a confié lors d'un partage d'Évangile :

Quand je suis venu au monde, tout de suite après que le médecin ait coupé le cordon ombilical, qu'on m'ait lavé mon petit corps et déposé sur le sein de ma mère, j'entendis une voix que je ne comprenais pas et qui me disait : « Ouvre ta petite main, mon petit homme. » Ma mère me dit alors : « Ouvre ta petite main, Paul, Dieu veut te faire un cadeau. » Alors j'ouvris ma petite menotte et Dieu y déposa un gros pain. Depuis ce jour, j'en ai mangé et j'en mange encore. J'en ai même pour les autres en partage et cela fait soixante ans. Tu vois, cher frère, comme Dieu est bon et généreux. Y a-t-il plus généreux que lui ? Zarba dit que les gens et les épiciers pèsent tout. Mais pas Dieu le Père, n'est-ce pas ? Dire que malgré sa bonté et sa mansuétude pour tous les humains, nous autres, nous doutons encore de lui, de sa grâce. Chassons ce doute et la vie reprendra couleur de lilas. Merci mon Dieu !

*

*   *

J'ai pris le chemin du retour.
Ô mon Dieu, mon Père, guide-moi vers toi.
Allège mon pas, réponds par ta voix
pour qu'en arrivant vers toi,
mon corps soit nourri de tes bras.
Guide-moi toujours vers ta sainte confiance.
Par le regard du Christ Jésus ressuscitant,
apprends-nous tes regards d'être compatissant.
Qu'il livre l'humain aux mystères divins
pour que notre être intérieur se lève
et annonce demain. Amen !

QUESTIONS DE COMPRÉHENSION
ET D'APPROPRIATION

1. Pourquoi et à qui Jésus raconte-t-il cette parabole?
2. Est-il facile de croire au pardon?
3. Est-il facile de recevoir le pardon?
4. Comment s'explique la réaction du fils aîné?
5. Pourquoi le péché peut-il conduire à la joie?
6. De quoi a besoin celui qui a péché?
7. Comment se laisser toucher par la grâce de Dieu?
8. Quelle doit être l'attitude de l'Église envers les marginalisés de notre monde? (ex.: divorcés-remariés, personnes homosexuelles, etc...)
9. Comment célébrer le pardon pour être en harmonie avec cette parabole?
10. Quel doit être le rôle de la communauté dans la célébration du pardon?

5e dimanche du Carême
Jean 8,1-11

ÉVANGILE DE JÉSUS
selon l'écrit de Jean

Jésus se rend au mont des Oliviers. Au petit jour, de nouveau, il se présente au Temple. Tout le peuple vient à lui et, s'asseyant, il les enseigne.

Les scribes et les Pharisiens amènent une femme surprise en adultère. Ils la placent debout au centre et disent [à Jésus] :

« Maître, cette femme a été surprise en flagrant délit d'adultère. Dans la *Tora*, Moïse nous a prescrit de lapider celles-là. Toi, que dis-tu ? » Ils disent cela pour lui tendre un piège afin d'avoir de quoi l'accuser. Mais Jésus se baisse et écrit avec le doigt sur le sol. Comme ils persistent à l'interroger, il se redresse et leur dit : « Celui d'entre vous qui est sans péché, qu'il soit le premier à lui jeter la pierre. » De nouveau il se baisse et écrit sur le sol. En entendant cela, un à un ils sortent, en commençant par les Anciens.

[Jésus] reste seul et la femme au centre.
Jésus se redresse et lui dit : « Femme, où sont-
ils ? Personne ne t'a condamnée ? »

Elle dit : « Personne, mon seigneur ! » Jésus
dit : « Moi non plus, je ne te condamne pas.
Va ! Désormais, ne pèche plus. »

Cet épisode, dont l'origine johannique demeure douteuse, est placé à Jérusalem, à
l'automne, lors de la fête des Tentes, une
fête à laquelle Jésus hésitait à se rendre car
les autorités religieuses cherchent à l'arrêter
(*cf.* Jn 7,1.10.25).

Jésus proclame dans le Temple au dernier
jour de la fête des Tentes :

Si quelqu'un a soif, qu'il vienne à moi, et que
boive celui qui croit en moi. Comme l'a dit
l'Écriture : « De son sein couleront des fleuves
d'eau vive. » (Jn 7,37-38)

Il lance l'invitation à ceux qui sont as-
soiffés de vérité et de droiture, et qui ont
soif de ce surcroît d'amour qui donne de
vivre de Dieu ici et maintenant.

L'épisode de la femme adultère ne se
trouve pas dans plusieurs manuscrits de Jean
qui sont pourtant parmi les plus importants.
Le vocabulaire et le style semblent d'ailleurs
différents de ceux de Jean et plus proches du
style de Luc. L'attention qui est portée à une
femme, l'insistance sur la miséricorde de

Jésus, peuvent en effet traduire les préoccupations qui sont habituelles à Luc. On pense que ce récit de la femme adultère a pu trouver sa place actuelle en Jean pour venir illustrer ce verset :

> Vous jugez de façon purement humaine. Moi, je ne juge personne. (Jn 8,15)

D'autres manuscrits, au contraire, ont placé ce récit dans Luc et le situent dans les jours précédant la Passion (après Lc 21,38). Comment comprendre ces incertitudes concernant ce si beau texte qu'on pourrait qualifier de trésor évangélique ? Alain Marchadour en donne une explication :

> Le récit aura vraisemblablement effrayé, par son ouverture, certains responsables de l'Église primitive. L'adultère était considéré comme un des rares péchés pour lesquels une pénitence était nécessaire et qui ne pouvait être remis qu'une seule fois dans la vie. Le comportement de Jésus à l'égard de la femme adultère aura pu paraître à certains (qui oubliaient « Va et ne pèche plus ») comme une indulgence excessive face à l'infidélité conjugale. (Alain Marchadour, *L'Évangile de Jean*, Centurion-Novalis, 1992, p. 121)

Saint Augustin pensait qu'on avait peut-être écarté cet évangile parce qu'il pouvait faire croire « aux épouses [infidèles] que leur péché resterait impuni » ! Ce n'est qu'au

IIIe siècle que l'épisode trouve sa place défi-
nitive dans le récit de Jean et il faudra encore
200 ans pour qu'il soit accepté dans la liturgie.

Jésus se rend au mont des Oliviers. Au petit jour, de nouveau, il se présente au Temple

Le mont des Oliviers est une crête qui s'étend
sur plus de trois kilomètres de l'autre côté
de la rivière du Cédron (à moins d'un kilo-
mètre de Jérusalem). Jésus recherche, selon
son habitude, un lieu solitaire pour prier.
Mais il peut aussi se faire qu'il préfère dor-
mir hors de la ville — dans un endroit gardé
secret — par crainte d'être arrêté. Dans la
journée, les prêtres peuvent craindre en effet qu'une arrestation de Jésus ne soit pas
du goût de la foule (très nombreuse en ce
temps de la Pâque), comme le disent les
récits synoptiques :

> Ils cherchaient à l'arrêter, mais ils eurent peur
> des foules, car elles le tenaient pour un pro-
> phète. (Mt 21,46)

Il faudra la trahison de Judas, qui connaît
l'endroit, pour que les gardes puissent le sur-
prendre.

L'épisode se passe au Temple et le cadre
du récit est finalement le même en Jean et
en Luc. Dans les deux cas, on montre Jésus
passant le jour à enseigner dans le Temple

(v. 2) et se retirant *la nuit au mont des Oli-viers* (v. 1). Puisque les récits synoptiques ne racontent qu'une seule montée de Jésus à Jérusalem, l'épisode est alors placé dans les derniers jours avant son arrestation dans la ville sainte et sa mort sur la croix. C'est un moment critique de la vie de Jésus. Le récit de Jean semble dire que c'est au dernier jour de la fête que les grands prêtres ont envoyé des gardes pour se saisir de lui. Mais ceux-ci sont revenus sans exécuter l'ordre :

> Les gardes revinrent donc vers les grands prêtres et les Pharisiens qui leur dirent : « Pourquoi ne l'avez-vous pas amené ? »
>
> Les gardes répondirent : « Jamais homme n'a parlé comme cet homme. » Les Pharisiens leur dirent : « Auriez-vous donc été abusés, vous aussi ? Parmi les notables ou parmi les Pharisiens, en est-il un seul qui ait cru en lui ? Il y a tout juste cette masse qui ne connaît pas la *Tora*, des gens maudits ! » (Jn 7,45-49)

La mission de Jésus touche donc à son terme. Il a déjà annoncé son départ :

> Je suis encore avec vous pour un peu de temps et je vais vers Celui qui m'a envoyé. (Jn 7,33)

Les dirigeants du peuple cherchent à exploiter les divisions des foules à son sujet :

> Parmi les gens de la foule qui avaient écouté ses paroles, les uns disaient : « Vraiment voici le prophète ! » D'autres disaient : « Le Christ,

c'est lui. » Mais d'autres encore disaient: « Le Christ pourrait-il venir de la Galilée? L'Écriture ne dit-elle pas qu'il sera de la lignée de David et qu'il viendra de Bethléem? » C'est ainsi que la foule se divisa à son sujet. (Jn 7,40-43).

Notre épisode va nous décrire l'un des pièges que l'on tend à Jésus pour qu'il se compromette et qu'on ait ainsi des motifs de l'accuser.

Tout le peuple vient à lui et, s'asseyant, il les enseigne

Selon la coutume des rabbis, Jésus s'asseoit et ses adeptes forment un cercle autour de lui. C'est la position traditionnelle du Maître qui interprète la *Tora*, la Doctrine révélée par Dieu. C'est d'ailleurs à titre de Maître que Jésus va être mis à l'épreuve.

« Maître, cette femme a été surprise en flagrant délit d'adultère. Dans la Tora, Moïse nous a prescrit de lapider celles-là. Toi, que dis-tu? »

Les adversaires de Jésus appuient leur accusation sur un texte qui se trouve dans le Deutéronome:

Si l'on prend sur le fait un homme couchant avec une femme mariée, tous deux mourront: l'homme qui a couché avec la femme et la femme elle-même. Tu feras disparaître d'Israël le mal. Si une jeune fille vierge est fiancée à un homme, qu'un autre homme la rencontre dans la ville et couche avec elle, vous les conduirez tous les deux à la porte de cette ville et vous les lapiderez jusqu'à ce que mort s'ensuive : la jeune fille parce qu'elle n'a pas appelé au secours dans la ville, et l'homme parce qu'il a usé de la femme de son prochain. Tu feras disparaître le mal du milieu de toi. (Dt 22,22-24)

Le cas présent est donc celui d'une jeune fille qui n'est pas encore mariée et est seulement fiancée. Elle peut donc n'avoir pas plus que 13-14 ans. Car on mariait très tôt les gens et le mariage était décidé par les parents qui n'avaient pas besoin du consentement de la fille. Si l'homme n'est pas mentionné et semble absent, c'est qu'alors l'homme n'était accusé d'adultère que dans le cas d'une femme mariée. Tandis que, pour la femme, toute relation avec un homme est adultère.

Les scribes, spécialistes officiels des saintes Écritures et les Pharisiens, soucieux de pratiquer la *Tora* à la lettre, sont préoccupés — à première vue — de *faire disparaître d'Israël le mal*. Pour eux, en effet, l'infidélité du peuple est la cause de la colonisation d'Israël (le peuple de Dieu) par la Rome païenne. Mais la vraie raison de leur geste ne se trouve-t-elle pas dans le ressentiment et l'agressivité qu'ils ont envers Jésus? Celui-ci gagne de plus en plus la confiance des petites gens et des démunis et il a une attitude de grande empathie envers ceux que l'élite religieuse rejette parce qu'ils sont des pécheurs notoires: les publicains, les prostituées, les malades (car la maladie est perçue alors comme une conséquence du péché). Ainsi les opposants à Jésus organisent un cas typique de violation de la *Tora* en plaçant devant lui une femme adultère sans défense. Ils pensent donc réussir à entacher sa réputation en lui tendant *ce piège pour avoir de quoi l'accuser.*

Rappelons que Jésus s'est déjà prononcé sur l'indissolubilité du mariage: « Que l'homme ne sépare pas ce que Dieu a uni » (Mc 10,6-9). La question: « Toi, que dis-tu? » (v. 5) vise donc à lui faire perdre la face devant tout le monde. Ses adversaires le provoquent sur son propre terrain: celui de la miséricorde accordée largement aux pécheurs. N'est-ce pas ce qu'il a fait à propos de Zachée:

> Aujourd'hui, le salut est venu pour cette maison, car lui aussi est un fils d'Abraham. En effet le Fils de l'homme est venu chercher et sauver ce qui était perdu. (Lc 19,9)

On se souvient aussi qu'il a accueilli une pécheresse qui se jetait à ses pieds, les baignait de ses larmes, les essuyait avec ses cheveux, les couvrait de baisers et répandait sur eux du parfum. À son hôte, étonné qu'il se laisse approcher par une femme de mauvaise réputation, Jésus avait déclaré :

> Si je te déclare que ses péchés si nombreux ont été pardonnés, c'est parce qu'elle a montré beaucoup d'amour. Mais celui à qui on pardonne peu montre peu d'amour. (Lc 7,47)

> Entre toutes les questions posées à Jésus au cours de sa vie publique, celle-ci [Et toi, qu'en dis-tu ?] apparaît la plus décisive. Il s'agit en effet d'un problème de vie ou de mort, où est mis en cause l'aspect le plus original de l'attitude de Jésus : sa miséricorde. Impossible pour lui d'échapper à l'alternative : ou c'est la *Tora* de Moïse qui triomphe, ou c'est la miséricorde. (Domingo Munoz León, *Assemblées du Seigneur* nᵒ 18, p. 61, Cerf)

Si donc Jésus ne condamne pas cette femme, on pourra l'accuser de ne pas respecter la *Tora* de Dieu. S'il la condamne, il perdra l'estime des foules et des marginaux et il se sera placé en contradiction avec l'Évangile qu'il prêche aux petits et aux humbles.

Mais Jésus se baisse
et écrit avec le doigt sur le sol

Que signifie cette attitude? On ne sait pas bien comment expliquer ce geste d'écrire. Peut-être Jésus mime-t-il un texte de Jérémie:

> Tous ceux qui t'abandonnent seront honteux, ceux qui se détournent de toi seront inscrits dans la terre. (Jr 17,13)

D'autres suggèrent que Jésus écrit sa réponse, selon la coutume romaine où les sentences des juges devaient être écrites. D'autres s'appuient sur des textes de la littérature arabe où ce geste signifie qu'on ne veut pas s'impliquer comme juge dans une affaire. Permet-elle simplement un temps d'arrêt, un moment de silence pour inviter chacun à discerner les vraies raisons de leur accusation? Jésus veut-il interroger les témoins sur leur propre attitude? Sont-ils purs de cœur dans cette affaire ou au contraire sont-ils fourbes?

Comme ils persistent à l'interroger,
il se redresse et leur dit:
«Qui d'entre vous est sans péché,
qu'il soit le premier à lui jeter la pierre.»

Jésus évite sans doute le piège en rappelant les exigences de la *Tora* qui veut que ce soient les témoins eux-mêmes qui jettent la

première pierre. Rappelons le texte du Deutéronome :

> C'est sur les déclarations de deux ou trois
> témoins que [le coupable] sera mis à mort. Il
> ne sera pas mis à mort sur la déclaration d'un
> seul témoin. La main des témoins sera la
> première pour le mettre à mort. (Dt 17,5-7)

Plus profondément, Jésus ne veut-il pas
surtout montrer le vrai visage de Dieu ?
Certes le péché est péché parce qu'il détruit
la vraie beauté de l'être humain. Mais le
pécheur a droit en priorité à la miséricorde
parce que Dieu est Dieu de vie et non de
mort. Le fils de Dieu doit agir comme le
Père envers son prochain, et cela quel que
soit son péché :

> Ne vous posez pas en juges, afin de n'être pas
> jugés ; car c'est de la façon dont vous jugez
> qu'on vous jugera, et c'est la mesure dont
> vous vous servez qui servira de mesure pour
> vous. Qu'as-tu à regarder la paille qui est dans
> l'œil de ton frère ? Et la poutre qui est dans
> ton œil, tu ne la remarques pas ? (Mt 7,1-3)

Pourquoi oublions-nous si facilement
notre propre besoin de pardon devant le Seigneur ? Un Psaume nous le rappelle avec force :

> Ô Dieu, fais-moi miséricorde selon ta bonté.
> Efface mon péché dans ton immense com-
> passion. Oui, je connais mon péché. J'ai fait
> ce qui est mal à tes yeux. (Ps 50,1.5)

Jésus, en vrai rabbi, ne nie pas l'importance de l'application de la *Tora* de Moïse ; mais il interroge directement la conscience de chacun des accusateurs.

> Homme au jugement perverti, ôte d'abord la poutre de ton œil, et alors tu verras clair pour ôter la paille de l'œil de ton frère. (Mt 7,5)

En entendant cela, un à un ils sortent, en commençant par les Anciens

Ces Anciens ne sont pas forcément les gens âgés. Le mot désigne aussi les membres du Sanhédrin, le collège des notables juifs qui avaient précisément le droit de juger. Ce sont d'ailleurs eux qui bientôt décideront de livrer Jésus au pouvoir romain pour qu'il soit crucifié. À cette heure, les accusateurs sont sans doute conscients que leur accusation est devenue vaine devant l'attitude de vérité de Jésus.

« Femme, où sont-ils ? Personne ne t'a condamnée ? » Elle dit : « Personne, mon seigneur ! » Jésus dit : « Moi non plus, je ne te condamne pas. Va ! Désormais, ne pèche plus. »

L'épreuve est achevée. Jésus en est sorti vainqueur. Seuls restent celui qui n'a pas péché et celle dont le péché est public. « Deux sont restés, disait Augustin, la malheureuse et la miséricorde (*misera* et *misericordia*) » [celle qui souffre et celui dont le cœur est compatissant à la souffrance]. » (Alain Marchadour, *L'Évangile de Jean*, Centurion-Novalis, 1992, p. 124)

Là où les juges voyaient un être à punir, Jésus a vu quelqu'un à secourir. Quel réconfort et quelle paix doivent être ressentis par la femme ! Elle retrouve son souffle de vie et la confiance à cause de ce regard de bonté que le Maître Jésus a posé sur elle. Dans son geste, Jésus témoigne que son Père est le Dieu qui sauve. Dieu n'est pas le juge qui punit de mort la désobéissance à sa *Tora* mais le Père qui sauve et qui n'est jamais conditionné dans son amour, même par les actes les plus coupables de ses fils et de ses filles.

Dieu n'a pas envoyé son Fils dans le monde pour juger le monde, mais pour que le monde soit sauvé par lui. (Jn 3,17)

Jésus ne demande même pas à cette femme d'aller sacrifier au Temple pour obtenir le pardon de Dieu. Dieu lui a déjà pardonné, et cela sans aucune autre condition que l'accueil sincère de ce pardon d'amour. Et cela la rend forte pour vivre désormais dans un plus grand amour.

Le pardon n'est pas le simple effacement de la sanction méritée, mais il est surtout le

surcroît d'amour donné par Jésus pour que
cette femme se relève et que son amour soit
purifié. C'est sans doute le sens de cette réponse de Maurice Zundel à quelqu'un qui
confessait sa relation avec une maîtresse :
« Aimez-la davantage ! »

L'attitude du jugement est profondément
ancrée dans le cœur humain. Et même le
cheminement dans la vie spirituelle ne
nous rend pas exempts d'une telle tentation.
Citons ce commentaire d'Olivier Clément :

> Au-delà d'une éthique de la *Tora*, le chrétien,
> au fur et à mesure qu'il approfondit sa foi, est
> appelé à inventer une morale paradoxale, celle
> de l'amour créateur. Cette morale fait passer
> la personne, son mystère, sa destinée, avant
> les notions sociales de bien et de justice. Ainsi
> Jésus devant la femme adultère. Il rappelle
> aux bourreaux de celle-ci leur propre état de
> séparation et d'adultère spirituel. Pour l'hu-
> main engagé sur la voie spirituelle, rien n'est
> plus important que le refus évangélique de
> juger. Avidité et vanité sont passions de ceux
> qui débutent ou commencent seulement à
> progresser. Mais, pour les plus avancés, l'ef-
> fondrement vient toujours du jugement porté
> sur autrui : toute leur ascèse, alors, est frap-
> pée de pharisaïsme spirituel, au sens que
> donne à ce mot l'Évangile. L'ascèse ne vaut
> que comme creusement d'humilité. L'humi-
> lité, comme capacité d'un amour désintéressé.
> C'est pourquoi, pour les spirituels, toute la

vertu tient dans le refus de mépriser. (Olivier, Clément, *Sources*, Stock, 1982, p. 252)

Il nous faut donc être vigilants pour ne pas tomber dans ce pharisaïsme. Pour cela, nous devons toujours nous rappeler que la sainteté du disciple de Jésus ne se trouve pas d'abord dans la perfection morale mais dans l'accueil amoureux de la personne même de Jésus. Il s'agit de nous laisser aimer en ouvrant totalement notre cœur avec une passion que l'Esprit Saint est seul à pouvoir nous inspirer. Ce sont les cœurs qui prient qui se laissent le mieux aimer.

Seigneur mon Dieu et mon Père, Tu connais ma vie, ma pensée et mon cœur. À tes yeux il n'y a pas de juste, pas un seul! Cependant Tu ne repousses personne. Tu aimes chacune, chacun de nous. Tu sais ce dont il a besoin et Tu le lui proposes. Tu n'attaches d'importance qu'aux mains ouvertes que je tends vers Toi pour que Tu les remplisses avec abondance. Dans la passion et la mort d'amour de Jésus, ton Bien-Aimé, Tu veux prendre mes misères et mes ténèbres pour me faire accéder à la lumière et à la joie dans une vraie communion avec Toi. (d'après Karl Barth, *in* Georges Convert, *Prière quotidienne en Église*, Médiaspaul, 1995, p. 303)

La scène du procès de la femme adultère préfigure le procès de Jésus. Les accusateurs demeurent les mêmes: les scribes et les

Pharisiens convaincus que Jésus n'accomplit pas la *Tora* de Moïse. La *Tora* de Moïse condamne la femme à la lapidation et Jésus à la crucifixion. Jésus écrit sur le sable, gardant le silence devant les accusateurs de la femme adultère, et durant son procès, Jésus se taira devant Pilate et Hérode. Ici, il rappelle que tous les humains sont pécheurs : *Qui de vous est sans péché ?* et lors de son arrestation au jardin de Gethsémani, il affirmera :

> C'est maintenant votre heure, le pouvoir des ténèbres. (Lc 22,53)

Le jugement ne tourne pas à la condamnation : ni pour la femme : « Je ne te condamne pas », ni pour ceux qui l'ont fait mourir sur une croix :

> Père, pardonne-leur car ils ne savent pas ce qu'ils font. (Lc 23,34)

À la suite de cette libération de l'accusée, lui, le donneur de vie et de pardon, pourra marcher vers sa passion et sa mort. Ainsi, par sa grande compassion pour l'être humain, Jésus accomplit la mission qu'il a reçue au baptême : révéler que Dieu est Père. Mais n'est-ce pas le paradoxe de cette existence de Jésus, qu'il va choisir de perdre sa vie pour apporter le pardon et la vie à l'humanité ?

*
*   *

Mon cœur gèle de trop d'hivers déroutants.
Il s'est durci au contact des fausses envies
qui minent le feu intérieur
qui m'appelle au bonheur.
Las des plaisirs égoïstes qui tuent ma vie,
je veux te retrouver.
Mais on m'a dit que jamais
tu ne pourrais m'aimer.
Père qui jamais ne juge et ne condamne,
apprends-moi la bonté.
Père créateur d'univers intérieurs,
récite à mon oreille la douceur
de ta parole de miel.
Libère-moi de toutes mes chaînes.
Fais-moi reprendre à jamais
ton doux chemin d'éternité, Amen !

QUESTIONS DE COMPRÉHENSION ET D'APPROPRIATION

1. Quelle est la véritable raison qui pousse les adversaires de Jésus à s'acharner contre lui?

2. Pourquoi leur accusation est-elle un piège?

3. Les préceptes de la *Tora* sont-ils en opposition avec la miséricorde? Quel est le rôle de la *Tora* et celui de la miséricorde?

4. Comment comprendre la phrase de l'Évangile de Jean: « Si je te déclare que ses péchés si nombreux ont été pardonnés, c'est parce qu'elle a montré beaucoup d'amour. Mais celui à qui on pardonne peu montre peu d'amour. » (Lc 7,47)

5. Comment les Églises enseignent-elles le pardon des péchés? Comment définir le pardon?

6. Où se situe le véritable procès? En quoi ce procès de la femme adultère préfigure-t-il celui de Jésus?

7. Qu'est-ce qui m'empêche de rentrer dans le pardon de Dieu?

8. Est-ce que la justice d'aujourd'hui pratique une véritable réparation, une guérison de l'accusé et de la victime?

Dimanche des Rameaux
Luc 19,28-42

ÉVANGILE DE JÉSUS
selon l'écrit de Luc

Ayant dit ces choses, [Jésus] prend la tête pour monter à Jérusalem.

Alors, comme il approche de Bethphagé et de Béthanie, près de ce qu'on appelle le mont des Oliviers, il envoie deux des disciples en disant : « Allez jusqu'au village qui est en face. En y entrant, vous trouverez un ânon attaché sur lequel personne ne s'est jamais assis. Détachez-le et amenez-le. Et si quelqu'un vous demande : "Pourquoi le détachez-vous ?" c'est ainsi que vous direz : "Le Seigneur en a besoin." »

Les envoyés partent et trouvent comme il leur a dit. Comme ils détachent l'ânon, ses maîtres leur disent : « Pourquoi détachez-vous l'ânon ? » Ils disent : « Le Seigneur en a besoin. »

Ils l'amènent à Jésus, et, jetant leurs manteaux sur l'ânon, ils font monter Jésus. Sur son passage, ils étalent leurs manteaux sur le chemin. Alors qu'il approche déjà de la descente du mont des Oliviers, dans sa joie, toute la foule des disciples se met à louer Dieu à voix forte, pour tous les miracles qu'ils ont vus. Ils disent: «Béni soit celui qui vient, le roi, au nom du Seigneur-Dieu! Paix au ciel et gloire au plus haut des cieux!»

Dans la foule, quelques Pharisiens lui disent: «Maître, rabroue tes disciples!» Il répond: «Je vous le dis: si eux se taisent, les pierres crieront!»

Quand il approche de la ville, à sa vue, il pleure sur elle en disant: «Si toi aussi tu avais su en ce jour l'approche de la paix.»

Le chapitre 19 relate les derniers moments de cette longue marche de Jésus vers la ville sainte — telle que la relatent les récits synoptiques — et qui a commencé après la transfiguration. Jésus y sera présenté comme le Roi-Messie, accueilli par les uns et rejeté par les autres. Maintenant le temps est accompli: la mort est toute proche. Pour bien saisir tout l'enjeu de cette venue de Jésus à Jérusalem, il faut tenir compte des chapitres qui précèdent et de ceux qui suivent. Le chapitre 18 se terminait sur la guérison de l'aveugle de Jéricho qui a décidé de suivre Jésus, et le début du chapitre 19 relate l'histoire de Zachée. Mais autant Zachée, pécheur notoire et publicain, a su accueillir Jésus, autant les autorités de Jérusalem refuseront de le reconnaître comme l'envoyé de Dieu. À la suite de l'épisode des vendeurs chassés du Temple, le chapitre 20 (9-16) relatera la parabole des vignerons meurtriers qui se débarrassent du fils (Jésus) du Maître de la vigne (Dieu). Cette entrée de Jésus à Jérusalem se déroule dans une ambiance de grande tension.

Allez jusqu'au village... En y entrant, vous trouverez un ânon attaché sur lequel personne ne s'est jamais assis

Cette mise en scène va s'éclairer à la lumière de la prophétie de Zacharie :

> Pousse des cris de joie, fille de Jérusalem ! Voici que ton roi vient à toi : il est juste et victorieux, humble et monté sur un âne... Il annoncera la paix aux nations. (Za 9,9)

L'histoire des religions nous enseigne qu'un animal qui n'a jamais été utilisé a un caractère sacré. Ainsi une bête, qui était destinée au sacrifice offert à un dieu, devait être vierge. Le premier livre de Samuel mentionne cette même consigne :

> Maintenant, prenez et préparez un chariot neuf et deux vaches qui allaitent et n'ont pas porté le joug. (1Sam 6,7)

Dans ce texte, il est demandé un chariot neuf ainsi que des bêtes qui n'ont pas travaillé, à cause de l'usage sacré qui sera le leur : porter l'arche du Seigneur. Ici, l'ânon sera monté par le Seigneur Jésus, le messie de Dieu, celui à qui Dieu a donné l'onction. Et il est spécifié : *parce que le Seigneur en a besoin* pour poursuivre sa mission. C'est l'unique fois en Luc où Jésus parle de lui en employant ce titre de Seigneur. Dans la langue juive, le mot *Adonaï* signifie Maître. Il est donné à Dieu, dans la Bible, pour dire que Dieu est le Maître suprême d'Israël. Il pouvait être donné au roi-messie : celui qui tient lieu de Dieu au milieu du peuple. Il deviendra le titre principal, donné à Jésus ressuscité, par les premiers chrétiens. Mais, dans les textes bibliques, l'âne est aussi une monture royale. Elle sera donc la monture du messie. En comparaison avec le cheval fougueux qui sert de monture pour faire la guerre, l'âne est vu comme la monture d'un roi pacifique. La *Tora* interdisait au roi-messie d'acquérir des chevaux en grand nombre (*cf.* Dt 7,16). Le messie est en effet celui qui doit apporter la paix à son peuple.

La procession va partir du *mont des Oliviers*... Là encore, les traditions juives nous éclairent sur l'importance de ce mont qui se trouve aux portes de Jérusalem. Au temps de Jésus, certaines traditions s'appuyaient sur un texte de Zacharie pour dire que Dieu viendrait lui-même libérer Israël. Et le lieu de sa venue serait le mont des Oliviers.

> Le Seigneur-Dieu sortira pour combattre les nations [païennes]. Ses pieds, en ce jour, se poseront sur la montagne des Oliviers, qui fait face à Jérusalem du côté de l'orient. (Za 14,4)

Les pieds de l'Éternel se poseront sur le mont des Oliviers. Dieu y descendra comme Il est descendu sur le Sinaï pour donner la *Tora* à Moïse. Cette tradition fusionnait la fin des Temps et l'avènement du messie. L'écrivain juif Flavius Josèphe, contemporain de Jésus, rapportera le fait suivant qui fait écho à ces croyances :

> À ce moment, vint à Jérusalem un Égyptien qui se disait prophète et qui conseilla à la populace de monter avec lui au mont des Oliviers. Il répétait aux gens qu'il voulait leur montrer comment sur son ordre les remparts de Jérusalem s'écrouleraient. (Flavius Josèphe, *Antiquités judaïques*, XX, 169-170)

Toute cette mise en scène a donc pour but de nous dire que l'entrée de Jésus à Jérusalem sera celle d'un messie humble et porteur de la paix de Dieu.

Jetant leurs manteaux sur l'ânon, ils font monter Jésus. Sur son passage, ils étalent leurs manteaux sur le chemin

Le geste d'*étendre leurs manteaux sur le che-min* évoque les honneurs royaux. Le livre des Rois en parlent à propos de Jéhu, qui fut le dixième roi d'Israël :

> Aussitôt, tous prirent leurs manteaux et les étendirent sous lui, à même les degrés ; ils sonnèrent du cor et crièrent : Jéhu est roi ! » (2R 9,13)

La royauté de Jésus est aussi soulignée par des allusions au sacre de Salomon, qui fut un grand roi-messie, le fils et successeur de David, et dont le nom évoque la *shalom*, le nom juif qui signifie la paix :

> Le prêtre Sadoq, le prophète Natân... descendirent ; ils mirent Salomon sur la mule du roi et ils le menèrent à Gihôn. Le prêtre Sadoq prit dans la Tente la corne d'huile et oignit Salomon, on sonna du cor et tout le peuple cria : « Vive le roi Salomon ! » Puis tout le peuple monta à sa suite et le peuple jouait de la flûte et manifestait une grande joie, avec des clameurs à fendre la terre. (1R 1,38-40)

Le rapprochement est facile avec notre texte : en Jésus, il y a un messie plus grand que Salomon (*cf.* Lc 11,31).

Béni soit celui qui vient, le roi, au nom du Seigneur-Dieu!

Le cri *Béni soit celui qui vient* est un extrait du dernier psaume du Hallel, nom donné à un groupe de psaumes (113 à 118) par lesquels on louait Dieu lors de certaines solennités. Pour décrire l'entrée de Jésus à Jérusalem, les récits ont peut-être été inspirés plus particulièrement par la fête des Tentes. Certains spécialistes suggèrent même que ce serait pendant cette fête, qui avait lieu en fin septembre, qu'aurait eu lieu cette entrée triomphale, et non les jours précédant la pâque.

La fête des Tentes était la plus populaire de toutes les fêtes juives. On y commémorait la royauté du Seigneur-Dieu qui s'établirait un jour sur la terre entière lorsque Jérusalem serait enfin libérée. C'est encore le texte de Zacharie qui nous éclaire:

> Il arrivera que tous les survivants de toutes les nations monteront année après année pour se prosterner devant le roi le Seigneur le tout-puissant, et célébrer la fête des Tentes. (Za 14,16)

On montait en procession au Temple, en portant des rameaux verts et des palmes qu'on agitait pendant qu'on chantait en chœurs alternés le psaume 118. Les gens de Jérusalem qui se trouvent à l'intérieur des murs de la ville, dialoguaient avec les gens encore à l'extérieur:

Donne le salut, Seigneur, donne! Donne la victoire, Seigneur, donne! Béni soit, au nom du Seigneur-Dieu, celui qui vient! — Nous vous bénissons depuis la maison du Seigneur!» (Ps 118,25-26)

En Luc, l'expression du psaume «Béni soit, au nom du Seigneur, celui qui vient» est un peu transformée. Au lieu de joindre «au nom du Seigneur» au verbe bénir, on le relie au verbe venir: «Béni soit celui qui vient au nom du Seigneur». L'expression «celui qui vient» deviendra d'ailleurs un titre du messie. Dans les récits de Matthieu et de Marc, la foule crie: *Hosanna, au Fils de David* (Mt 21,9) ou *Béni soit le règne qui vient, celui de notre père David* (Mc 11,10).

Si Luc n'utilise pas l'expression *Hosanna* qui veut dire: *Donne le salut,* c'est peut-être pour éviter ce qui pourrait faire penser à une revendication d'indépendance vis-à-vis des Romains. Pour lui, il semble clair que l'entrée messianique n'est pas un événement politique. Même salué comme roi par les siens, Jésus est avant tout celui qui se prépare à souffrir et à passer de ce monde au Père. Jésus n'a pas cessé de prévenir que le temps de la plénitude du règne de Dieu n'est pas encore arrivé. On sait que les disciples espéraient que Jésus allait prendre le pouvoir. Nous savons que Jacques et Jean ont fait la demande à Jésus de siéger à sa droite et à sa gauche dans son Royaume (*cf.* Mt 20,21). Et même après Pâques, les apôtres ne feront-ils pas encore cette demande :

> Seigneur, est-ce maintenant que tu vas rétablir la royauté en Israël ? (Ac 1,6)

Avant son entrée à Jérusalem, le récit a illustré ce qui va advenir par une parabole :

> Comme les gens écoutaient ces paroles, Jésus ajouta une parabole parce qu'il était près de Jérusalem et qu'eux se figuraient que le Règne de Dieu allait se manifester sur-le-champ. (Lc 19,11)

La parabole raconte l'histoire d'un homme qui part de son pays pour aller recevoir la royauté (*cf.* Lc 19,12-27). (À cette époque, les rois juifs de Judée ou de Galilée allaient recevoir leur royauté des mains de l'Empereur de Rome.) L'homme de la parabole est Jésus lui-même qui va quitter ce monde et qui reviendra à la fin des Temps, après avoir reçu la royauté de Dieu son Père. Pendant son absence, il compte sur ses serviteurs fidèles pour faire fructifier les biens du Royaume. Dans la parabole des vignerons meurtriers qui suivra l'entrée à Jérusalem, Jésus annoncera qu'il sera rejeté par les vignerons mais que ce rejet n'empêchera pas la réalisation du Règne (*cf.* Lc 20,9-18). Le fils rejeté reviendra régner sur le peuple de Dieu, comme cette pierre dont parle le

psaume (Ps 118,22) que les bâtisseurs rejettent et qui deviendra pourtant la pierre
d'angle de l'édifice :

> La pierre qu'ont rejetée les bâtisseurs, c'est elle
> qui est devenue la pierre angulaire ? (Lc 20,17)

Ce sera donc seulement au terme de
l'histoire que le Règne sera définitivement
réalisé.

Paix au ciel et gloire
au plus haut des cieux !

Cette acclamation évoque le chant des anges
et des bergers à la naissance de Jésus :

> Gloire à Dieu au plus haut des cieux et sur la
> terre paix pour les hommes, ses bien-aimés.
> (Lc 2,14.20)

Mais, à la foule des anges, correspond
maintenant celle des disciples. Les disciples
louent *pour tous les miracles qu'ils ont vus,*
retrouvant l'attitude des bergers qui, à la
naissance de Jésus, *glorifient et louent pour
tout ce qu'ils ont entendu et vu* (Lc 2,20). Ils
célèbrent la paix qui leur vient de Dieu à
travers ce roi-messie. Dans la Bible, la paix
signifie la plénitude de vie. Elle est donc un
don du messie par excellence, comme le
disait Isaïe annonçant l'avènement d'un
nouveau roi-messie :

Car un enfant nous est né, un fils nous est donné, il a reçu l'empire sur les épaules, on lui donne ce nom : Conseiller-merveilleux, Dieu-fort, Père-éternel, Prince-de-la-Paix. Étendu est l'empire dans une paix sans fin, pour le trône de David et sa royauté, qu'il établit et qu'il affermit dans le droit et la justice. Dès maintenant et pour toujours l'amour du Seigneur-Dieu fera cela. (Is 9,5-6)

Jésus messie est porteur de paix. Mais il ne l'apporte pas à la manière d'un roi qui prépare la paix en faisant la guerre, selon le proverbe romain : « Qui veut la paix prépare la guerre. » Jésus ne se fait pas d'illusion : malgré les acclamations, il sait fort bien que Jérusalem refuse de l'accueillir :

Quand il approcha de la ville et qu'il l'aperçut, il pleura sur elle ; il disait : « Si toi aussi tu avais su, en ce jour, comment trouver la paix ! Mais hélas ! cela a été caché à tes yeux ! » (Lc 19,41-42)

La pâque juive va prochainement s'accomplir. Elle rappellera aux pèlerins juifs la sortie d'Égypte où Dieu a libéré le peuple de la servitude. Pour Jésus, ce sera la pâque de sa sortie de ce monde. Mais, dans le don de sa propre vie par amour, il sera pour beaucoup la force qui permettra de se libérer de la servitude de la haine.

**Dans la foule, quelques Pharisiens lui
disent : « Maître, rabroue tes disciples ! »
Il répond : « Je vous le dis :
Si eux se taisent, les pierres crieront ! »**

Cet avertissement des Pharisiens visait peut-
être à faire attention à l'armée romaine et à
ses collaborateurs qui surveillaient tout
mouvement populaire de révolte ou d'in-
surrection. Jésus répond : *que ce seront les
pierres qui crieront*. Cette expression rappelle
ce passage du livre d'Habaquq :

> Car des murailles mêmes la pierre crie, de la
> charpente la poutre lui répond. (Ha 2,11)

Cette phrase obscure doit signifier que
rien ne saurait empêcher Jésus d'être ac-
clamé comme messie. Même si les disciples
se taisent, les pierres crieront pour parler
à la place de tous ceux qui rejetteront le
messie.

C'est au Temple qu'aboutit cette entrée à
Jérusalem :

> Jésus entra dans le Temple et se mit à chasser
> ceux qui vendaient : « Ma maison sera une
> maison de prière et vous en avez fait une
> caverne de bandits. » (Lc 19,45-46)

Pour les Juifs, le Temple est la demeure
de Dieu et le cœur de la vie d'Israël. L'évangile de Luc a commencé au Temple par la
révélation faite à Zacharie — le père de Jean-

le-Baptiste — et par la présentation de Jésus où le vieillard Syméon avait prophétisé :

> Il prit [l'enfant Jésus] dans ses bras et il bénit Dieu en ces termes : « Maintenant, Maître, c'est en paix, comme tu l'as dit, que tu renvoies ton serviteur. Car mes yeux ont vu ton salut, que tu as préparé face à tous les peuples : lumière pour la révélation aux païens et gloire d'Israël ton peuple. »
>
> Syméon dit à Marie sa mère : « Il est là pour la chute ou le relèvement de beaucoup en Israël et pour être un signe contesté et toi-même, un glaive te transpercera l'âme ; ainsi seront dévoilés les débats de bien des cœurs. » (Lc 2,28-35)

Dans quelques jours l'oracle s'accomplira : le prophète Jésus sera tué mais la vocation du Temple sera aussi terminée :

> Jérusalem, Jérusalem, toi qui tues les prophètes et lapides ceux qui te sont envoyés, que de fois j'ai voulu rassembler tes enfants comme une poule rassemble sa couvée sous ses ailes, et vous n'avez pas voulu. Eh bien ! elle va vous être abandonnée, votre maison. (Lc 13,34)
>
> Oui, pour toi des jours vont venir où tes ennemis ne laisseront pas en toi pierre sur pierre, parce que tu n'as pas reconnu le temps où tu as été visitée. (Lc 19,43-44)

Le cœur du Temple devait abriter les symboles de la présence de Dieu au milieu de son peuple : les Tables de la *Tora* et la manne.

Mais le vrai Temple de Dieu, le véritable lieu de sa présence sera désormais la personne même de Jésus. C'est lui qui sera la *Tora* vivante, la Règle de vie de Dieu parfaitement accomplie dans sa vie d'homme. C'est lui le fils parfait du Père — ressuscité pour toujours — qui donnera à tous la nourriture de la vie éternelle. Donner cette nourriture de Dieu sera bien l'œuvre ultime de Jésus dans les jours qui suivront son entrée dans Jérusalem.

> Il était chaque jour à enseigner dans le temple. Les grands prêtres et les scribes cherchaient à le faire périr, et aussi les chefs du peuple; mais ils ne trouvaient pas ce qu'ils pourraient faire, car tout le peuple, suspendu à ses lèvres, l'écoutait. (Lc 19,47-48)

Ainsi Jésus a accepté le rôle de roi-messie, mais il a gardé de la fonction du messie l'essentiel : interpréter la *Tora*, la Règle de vie donnée par Dieu. Il est dans la fonction traditionnelle du messie d'interpréter la Règle, au nom du Roi son Père. Voilà donc le véritable rôle de ce messie qu'est Jésus : interpréter la Pensée de Dieu, l'accomplir par ses actes et par ses paroles, et ainsi amener la Présence de Dieu sur la terre, saturer le quotidien d'Éternel.

> Je n'ai pas parlé de moi-même, mais le Père qui m'a envoyé m'a donné un précepte à dire

et à prêcher. Et je sais que son précepte est vie
d'éternité. (Jn 12,49-50)

Dans le récit de Jean, à Pilate qui lui demande s'il est messie, Jésus répondra qu'il
est venu pour témoigner de la vérité :

Je suis né et je suis venu dans le monde pour
rendre témoignage à la vérité. Qui est de la
vérité écoute ma voix. (Jn 18,37)

Ce rôle du messie est toujours aussi ac-
tuel. Il appartient à ses disciples d'en conti-
nuer la mission. En plein cœur du monde
— mais au-delà de toutes les formes de
royaumes terrestres —, le disciple de Jésus
est porteur d'un Évangile d'amour et de paix
pour inviter tous les humains à vivre la justice et la réconciliation. Les pleurs de Jésus
sont eux aussi toujours actuels : ils disent la
souffrance de Dieu devant le refus de l'amour.
Il appartient aux disciples de Jésus de vivre
comme leur maître. Si l'entrée de Jésus à
Jérusalem comme messie n'a pas été triom-
phaliste, s'il n'a pas été un messie s'impo-
sant par la force, aujourd'hui encore ses
disciples doivent être les témoins d'un Dieu
qui ne s'impose pas, mais qui se propose,
humble comme l'amour, qui s'expose au
refus, respectueux de la liberté de chacun,
préférant souffrir que de faire souffrir.

Comment révéler Dieu sinon en respirant en nous et dans les autres cette douleur divine qui se traduit dans les pleurs de Jésus? Un chrétien, ce serait celui qui sentirait à chaque instant que Dieu est en péril et qui, à chaque instant, se porterait au secours de Dieu, en lui et dans les autres, et qui s'efforcerait, justement, en dépassant ses propres limites, de faire de sa vie un espace pour recueillir l'Éternel Amour. (Maurice Zundel, *Ta Parole comme une source de vie*, p. 288, Anne Sigier-Desclée, 1987)

Seigneur, pour ta gloire et le bonheur de mes frères, accorde-moi d'avoir souffle de pauvre, acceptant de paraître faible et sans défense plutôt que de peiner ou de briser, car Tu m'as sauvé par ta croix.

Seigneur, accorde-moi d'être humble et doux de cœur, sans me raidir devant les critiques, les jugements durs ou hâtifs, supportant les étroitesses d'esprit et les égoïsmes révoltants, car Tu m'as comblé de tes biens.

Seigneur, accorde-moi un cœur qui a soif de justice et de paix, persévérant malgré la fatigue, la lassitude et l'échec, soucieux de ne jamais porter personne au découragement, mais fais-moi témoin d'espérance, car Tu m'as rassasié de ton amour.

Seigneur, accorde-moi un cœur droit et bon, n'interprétant jamais en mal la peine que je peux subir. Apprends-moi à pardonner à ceux qui peuvent me haïr, car Tu as donné ton pardon à ceux qui t'ont condamné. (Georges Convert, *Prière quotidienne en Église*, Montréal-Médiaspaul, 1995, p. 297)

*

*   *

Dieu, tu es Père de Celui qui vient.
Apprends-nous à nous mettre en marche
humblement derrière Lui
comme d'humbles apprentis serviteurs.
Nous sommes égoïstes
et gardons pour nous nos blessures.
Elles mènent nos guerres intérieures
et nous en oublions ton cœur de miséricorde.
Apprends-nous la grande marche du don,
à dos d'âne et loin de nos prisons.
Celui qui vient entre en nos cœurs
par la porte du don de sa vie.
Oserons-nous le suivre jusqu'aux jours
inconnus de la croix
que bientôt nous porterons,
pleins des larmes du don. Amen!

QUESTIONS DE COMPRÉHENSION
ET D'APPROPRIATION

1. Quel est le sens de la mise en scène organisée par Jésus pour son entrée dans la ville sainte?

2. Qu'est-ce que la fête juive des Tentes?

3. Pourquoi, lors de son entrée dans Jérusalem, Jésus se comporte en messie au risque de sa vie, lui qui jusqu'alors a toujours fait taire ceux qui lui donnaient ce titre?

4. Depuis le départ de Jésus, quel est le rôle de ses disciples, la mission qu'il leur a confiée?

5. Quel est désormais, pour les chrétiens, le vrai Temple de Dieu sur terre?

6. Pourquoi ceux qui croient au Dieu de Jésus ont-ils souvent une perception d'un Dieu glorieux qui aime les cérémonies à grand déploiement?

7. Quelle est la force de l'humilité pour vivre en paix et bâtir un monde de paix?

8. Comment nos pratiques présentes, dans l'Église catholique, nuisent-elles au témoignage d'un Dieu qui se fait doux et humble de cœur en Jésus ?

Pour aller plus loin...

Pour découvrir Jésus, un parcours d'évangile en vidéo: *Iéschoua, dit Jésus...*

Douze épisodes de 30 minutes qui mènent du baptême de Iéschoua (nom araméen de Jésus) jusqu'à sa mort, à travers les grandes étapes de sa vie:

> la retraite au désert, la proclamation de l'An de grâce, le message des béatitudes, le choix des Douze, le grand repas des pains multipliés, la retraite de la transfiguration, le Repas du Testament, la Croix et les apparitions au matin de Pâques.

Cette approche de Iéschoua se fait par des dialogues entre Marie de Magdala, qui fut son disciple, Luc, rédacteur d'un des récits évangéliques, qui se fait l'écho de la pensée de Paul, et Théophile, un jeune païen qui enquête sur le message du Christ de Nazareth.

Des tableaux de peintres et des images du pays d'Israël illustrent les dialogues écrits par Georges Convert, prêtre, avec la collaboration de Xavier Gravend-Tirole, bachelier en sciences religieuses, et les conseils exégétiques de Michel Quesnel, bibliste.

RÉALISATION DU VISUEL: Alain Béliveau et Laurent Hardy, de M.A. Productions.

Deux livres accompagnent ces vidéos: *Iéschoua dit Jésus* (textes des dialogues) et *Parcours d'Évangile* (guide pour l'animation) publiés chez Médiaspaul.

On peut aussi commander les vidéocassettes

AU CANADA

Monique Legault
tél. : (514) 931-7311 poste 272

EN FRANCE

Michèle Elghamrawy
21 rue Voltaire, 92140 Clamart,
tél. : 01 46 31 05 37
courriel : michele.elghamrawy@wanadoo.fr

Table des matières

MEMBRE DE SCABRINI MEDIA

Québec, Canada
2004